最速 60 分

爆速でやりなおす中学英語

（学校では教えてくれない学習法！）

大人気オンライン塾
『スタフリ』英語講師 ダイジュ先生

はじめに

この本を手にとってくれて、ありがとうやで。この本は、普通、約1000日かけて学ぶ中学英語を**最速60分で学べるように**つくられとる。

さっそく、あんたに質問や。あんたは、うさんくさい広告の文句を信じるか?

「爆速で」
「○○するだけで」
「○○式」
「サルでもわかる」

俺は、こういったたぐいの言葉は少しも信じとらん。

これまでにぎょうさん、だまされてきとるからな。

「飲むだけでやせるダイエットサプリ」
「着るだけでやせる魔法のような下着」

1gも体重は減らんかった。逆に数kg、太ったわ。そんな俺が書いたこの本のコンセプトは、ズバリこれや!

「読むだけで中学英語を爆速60分でやりなおせるダイジュ式英文法メソッド」

……自分で書いたけど、あまりにもうさんくさすぎるわ……。4軒先の奥さんも鼻をつまむほどや。

せやけど、**そんなうさんくさい言葉が自然と出てくるくらい**「**やばい一冊**」ができたっちゅー話や。

ダイエットは3日ともたない俺やけど、英語を教えることについては19歳のころから10年以上、研究に研究を重ね、めっちゃ時間を割いてきたんや。ほんで、ついに完成したのが**ダイジュ式英文法メソッド**やねん。

ダイジュ式英文法メソッドの特徴

特徴①
あまりのわかりやすさに、うなずきすぎて・む・ち・打ちになるらしい。

特徴②
あまりのおもしろさに、ニヤけすぎて電車で読むと変人扱いされるらしい。

特徴③
あまりの爆速さに、本から火花が飛ぶらしい。

タイピングしすぎて、手がけいれんしかけてるけど、「中学英語」のすべてをこの本に載せとるで。これまで出会ったいろんな生徒さんのことを思い出しながらこの本を書いとるけど、特に読んでほしいのは、こんな人やねん。

● 英語に対するコンプレックスがマンモスサイズの人
● 英語の学習に疲れて心が折れた音（ポキッ）が聞こえた人
● 英語と聞くとじんましんが出てしまう人

上記に当てはまっとる人は、目玉がカピカピになるくらい集中して読んだってや。この本がただの「うさんくさい」本で終わるのか、それとも「**あんたの人生を変える一冊**」となるのかは、最後まで読んでから判断したってや。

ほなら、**本編スタートやで！！**

この本の主な登場人物

ダイジュ先生

学生時代は「全国英語嫌い選手権」の常連になっちゃうくらいの英語嫌い。とあるきっかけで英語をマスターし、今では英語の神様（自称）。関西弁とCokeをこよなく愛する。

愛さん

「英語ができるようになりたい！」という気持ちは人一倍あるが、中学時代に英語で挫折してからというもの、何度チャレンジしてもうまくやりなおせず、今に至る。

イントロダクション

「点」が「線」になる
ダイジュ式英文法メソッド

そう…英語!!
私の英語への
コンプレックスは
メガトン級に
大きいんです!!

私だって
海外旅行で
ビクビクせずに
流ちょうな英語で
話してみたい!

英語を使って
バリバリ働いて
収入を得たい!

西海岸の
おしゃれな街で
生活してみたい!

実を言うと
これまで
**ありとあらゆる
英語学習**に
手を出してきました

英会話スクールには
当然通ったし
本や教材も一通り試した

こうして私は泣く泣く
英語へのあこがれに
ふたを閉めたんです

私には
英語は
向いて
ないん
だ…

英語への
あこがれ

…だけど
なにをやったって
**英語ができるようには
なりませんでした**

そんなある日
我が家のポストに
1枚の**チラシ**が…

なんだこれ？
英語教室…？

13

15

中学英語でも世界と戦える!!

 押忍!!! ダイジュ先生やで〜♪ それではさっそく、英語の授業をやっていくで〜。**あれ？ どないしたんや？**

 (なに？ このコテコテの関西弁は……タメ口だし……ずっとコーラ飲んでるし。ま、イヤなら途中で抜け出せばいいか……)
ど、どうも。

 なんや、そんな浮かない顔して。**今から英語を学ぶんやから、もっと楽しい顔せんと。**

 いや、私、英語は本当に苦手で……。中学生のころから大学生まで約10年間、それなりに英語の勉強はしてきたんです。それでも海外旅行中、現地の人と話すときはビクビクしたり、ちょっと洋画を英語で見てみようと思って2時間がんばってみましたが、**聞き取れたのは「Thank you」の一言**だけ。TOEICにチャレンジしようと思って、問題集みたいなのにもチャレンジしてみました。でも全然スコアが伸びないし……やめてしまいました。だから、失礼ですけど「今回もきっと無理だろうな」と思っているんです。

 なるほどなぁ。ほなやめとき。無理やと思ってるんやろ？ 自分は英語ができない。自分は英語は話せない。そう思ってるんやろ？ 英語ができる人を魔法使いかなんかと思ってるんちゃうか？ ちゃうねん。英語は魔法でもなければ、特殊技能でもない。英語は

あくまでも言葉やねん。楽な道ではないけど、**ちゃんと努力すれば絶対にできるねん**。まずは、その「どうせ無理マインド」をどうにかせんとあかんわ。

そんなこと言ったって、しょうがないじゃないか。

えなりかずきか！　ほんならな、今、目の前に**幅30cmの道**があるとしよか。渡れるか？

なんの話をしているんですか。渡れますよ。渡れるに決まっているじゃないですか。私は英語はたしかにできないけど、こう見えても、スポーツはまぁまぁできたんですよ。

ほんなら、もしもこの幅30cmの道が**地上300mのところに**あるとしたら渡れるか？

そんなの無理ですよ！
落ちたら死んじゃうじゃないですか！

これがマインドの力や。同じ幅やのに、ここやと渡れるのに、地上300mでは渡られへんやろ。人間ってそんなもんやねん。「無理だ」「怖い」と思ったら、普通にできたことができへんようになるねん。英語も同じや。無理やと思いながら勉強しても、できるようにはならへんやろ。「自分ならできる」「私ならできる」と強く信じることからすべては始まるねん。ほら、5回「私はできる」って唱えてみ。

イヤですよ……ここはブラック企業ですか……。

 出口は向こうやで。**さいなら。**

 わ、わかりましたよ。「私はできる」「私はできる」「私はできる」「私はできる」「私はできる」……ほら、5回言いましたよ。

 やればできるやん。**まずはここからすべてが始まるねん。**ちょっとでも自信なさそうな顔したら、また言ってもらうで。次は10回な。

 はいはい。それで、今日はどんな授業をしてくれるんですか?

 中学英語や。

 は? わざわざここまできたのに、中学英語をやるんですか? 私もバカにされたものですね。中学英語なんて中学生のころに、これでもかってくらいさせられましたよ。お言葉ですが、本当に「**英語の神様**」なんですか?

 誰に言うてんねん。自他ともに認める「英語の神様」や。

それだったら、もっと英会話に直結するような授業とか、楽してできる裏技的なものを教えてくださいよ。

……あんたがこれまで英語ができへん理由がわかった気がするわ。先に言うとくで。**英語に裏技なんかあらへんし、中学英語がすべてと言っても過言ではない**。中学英語をなめたらあかん。なめたらあっかん〜♪

じゃあ、お言葉ですが、中学英語って、日本人のほぼ全員が中学生で習いますよね？　どうです？　皆さん、それで英語の力がメキメキと上がっていますか？　皆さん、英語を流ちょうに話せますか？　実際、私は中学時代、真面目に授業を受けてきました。どうですか？　私、今、英語を話せますか？　**ほ〜ら、中学英語は役に立たない**んですよ!!

中学英語が役に立たないと今、言ったか？

言いましたよ。だってそうじゃないですか。私は真面目に中学に通って、一所懸命、英語の勉強もしてきたんです。でも**これっぽっちも英語ができない**じゃないですか！

わかった。ほんならこのスピーチを見てみ。

You had every reason not to accept me. However, you welcomed me with open arms and you have never stopped, even when I left and came back. I was so grateful for the chance to return in 2018 and the reason is you fans.

皆さんが、私のことを受け入れられなかったとしても、それは当たり前です。でも、皆さんは心から歓迎してくださり、私が一旦このチーム（マリナーズ）を去り、また戻ってきたときでさえも、歓迎してくださいました。2018年にシアトルに戻ってこられたことを、本当に感謝しています。そして、私が戻ってきた理由は、そう、あなた方ファンの皆さんです。

これが、なんなんですか？

これは、元メジャーリーガーの**イチロー**が、引退セレモニーで話した英語のスピーチや。どや？　全部は無理でも、意味は結構わかるんとちゃうか？

そうですね……。英語嫌いの私でも、意味はなんとなくわかりますね。

どうや。あのイチローが中学英語を使ってるんやで。イチローは中学レベルの英語を使いこなしながら、長い間メジャーリーグで数々の偉業を成し遂げてきたんや。彼は、中学レベルの英語力で、世界を股にかけることができたんや。あのイチローが中学英語でコミュニケーションをとってるのに、**あんたはイチローを超えなあかん理由でもあるんか？**

え……まぁ、そうですね。ごめんなさい。中学英語をバカにしたら、そんなに怒るとは思っていなくて……十分役に立ちますね。

イチローだけやない。ソフトバンクの孫 正義会長も、サッカーの本田圭佑も、みんなベースは中学英語にあるねん。中学英語で世界と戦ってるんや。つまり、ほとんどの日本人は、中学英語を「習っ

ただけ」で終わってもうとるねん。「使いこなせ」てないねん。そこが大きな問題なんや。だから今日は、この中学英語を使いこなすための、**えっげつなくわかりやすくて、楽しくて、役に立つ授業をするねん**。どうする？　英語はあきらめるんか？

いえ……ラストチャンスだと思って、中学英語を学びなおしてみようと思います。

お、ええやん。ほんなら、一緒にがんばっていくで。今から、爆速で中学英語を学びなおしていくんやけど、まずはこれだけの文法の項目を爆速で学んでいくで！

中学1年生	中学2年生	中学3年生
①be動詞	①過去進行形	①現在完了形
②一般動詞	②未来表現	②現在完了進行形（新学習指導要領）
③可算名詞と不可算名詞	③助動詞	③間接疑問文
④名詞の複数形	④文型	④分詞
⑤現在形・三単現のs	⑤不定詞	⑤関係代名詞
⑥代名詞と冠詞	⑥動名詞	⑥仮定法（新学習指導要領）
⑦形容詞	⑦接続詞	
⑧副詞	⑧比較	
⑨前置詞	⑨受動態	
⑩疑問詞		
⑪現在進行形		
⑫助動詞can		
⑬過去形		

こんなにたくさんあるんですか！？　見覚えのあるものが多いけど……でも、こんなたくさんの内容を爆速でするんですか？　はぁ、やっぱり私には無理かも……。

なんや、やる言うたり、やらん言うたり。大丈夫や。俺に任せとき。ここに書いてある文法の項目をひとつひとつ、ダラダラ解説するようなやり方で教えるつもりはないねん。それやとこれまでの学び方と同じやからな。今回俺がやっていくんは**「点」を「線」にすること**やねん。これが**ダイジュ式**や。

「点」を「線」にする？　ダイジュ式？

そうや。これまで「点」でしかなかった文法項目を「線」でつないでいくねん。そうすることで、これだけたくさんある文法項目が**たった4つ**になるねん。

たったの4つ??　これだけたくさんあるのに??

そうやで。しかも、そのために必要な考え方は**たったの2つ**だけ。**この2つを完全に理解する**ことから始めていくで。大丈夫や。安心してついてき。あんたの目の前にいるのは、180万人以上に支持された授業をする英語の神様やで。ただのCoke好きのジーパンくるくるパーマやないねん。この授業の内容が完璧に理解できれば、「話す・聞く・読む・書く」の土台の完成や。あとは、お好きなように英語を学んだらええ。そのくらいこの授業は強力や。覚悟してついてくるよ〜に!!!

第 **1** 章

英語の**語順**と**品詞**は 「カードゲーム」や！

英語ができるようになるには、大事なことが2つ あるんや。なにかわかるか？　単語？　文法？ 慣れ？　留学？　ここでは、英語を学習すると きに最も大事な2つの「武器」について解説して いくで！

さっそく授業を始めていくで〜！

この章で話すのは**おばあちゃんもうなった**内容なんや！

物静かなおばあちゃんやったんやけど**「うぉ〜」**って雄たけびを上げたんやびっくりやろ？

それ どこのおばあちゃんなんですか…

英語を爆速でやりなおすときにまずやるべきことが2つあるどれが正解かわかるか？

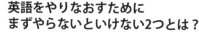

英語をやりなおすためにまずやらないといけない2つとは？

【1】英文法
【2】英単語
【3】英熟語
【4】前置詞
【5】英作文
【6】フィーリング
【7】いっぱい話す
【8】いっぱい聞く
【9】アメリカに行く
【10】英会話学校に行く
【11】ネイティブの友達をつくる
【12】タイムマシンを開発して過去に戻る

12番を選んで中学時代に戻りたいですね

大正解!!

ほんなら今すぐこの授業をやめて理系の道に進んで開発に着手しよか！

そしてタイムマシンの発明でノーベル賞を取って英語でスピーチしたらええと思うわ！

ふざけるのはやめてください

先にボケたのはあんたやないか！

1-1 日本語にあって英語にない「助詞」

というわけで、余計な話は置いといて、さっきの問題やけど、まずやらないといけないことは、12個のうちのどれも正解ではないねん。中学英語をマスターするために、**絶対に必要な2つのこと**があるねん。

その2つって、なんですか？

まぁ待ちなはれ。その前にちょっと問題や。

Q 「メアリーはトムにイヌをあげた」を英語にしてみ。

① Mary gave a dog Tom.
② Mary gave Tom a dog.
③ Tom gave a dog Mary.
④ Gave Mary Tom a dog.

どれが正解やろ。さぁ〜いくで〜。せ〜の〜。

ん〜、なんとなく**2番**かな……？

おおお!!　やるやん!!　**正解や!!**
ほんなら次の問題はどや？

Q 「メアリーはイヌをトムにあげた」を英語にしてみ。

① Mary gave a dog Tom.

② Mary gave Tom a dog.

③ Tom gave a dog Mary.

④ Gave Mary Tom a dog.

「イヌを」と「トムに」を逆にしてみたわ。

ん～そうですね……。意味は変わってないから、さっきと同じ②なのかな～。でも日本語では「イヌ」と「トム」を逆さまにしているから、英語でも逆さまになってる①かもです。
①か②のどちらかだと思います。

なるほどな。いい線いってんで。ほんなら次の問題はどや？

Q 「トムにイヌをメアリーはあげた」を英語にしてみ。

① Mary gave a dog Tom.

② Mary gave Tom a dog.

③ Tom gave a dog Mary.

④ Gave Mary Tom a dog.

さらに日本語の順番を変えてみたわ。

27

ん～。①かな。いや②かな。いや、やっぱり③かな。わかりません。すみません。

わからへんくらいでいちいち謝らんでええねん。最初やねんから、わからへんで当たり前やろ。

すみません。謝らないようにします。すみません。

2回も謝っとるで。ま、ええわ。ほな、結論いくで。実は3つの問題、**すべて答えは② Mary gave Tom a dog.** や。

え!? 全部同じなんですか? 不思議ですね。

そうや。不思議やろ。実は英語を学ぶ上で一番大事なことが、この3つの問題の中に隠されてるねん。新しい言語を学ぶことを「第二言語習得」なんて言うねんけど、第二言語習得をする上で大事なことは、「自分が使っている言語と、新しく学ぼうとする言語の違いをきちんと理解する」ということやねん。ズバリ、**日本語と英語の決定的な違いを意識しろ**ってことや。

違い……

ほんなら、日本語と英語の決定的な違いについて説明していくで! ここが一番肝心やから、目ん玉かっぴらいて、耳かっぽじって聞いてや!! いくで～! さっきの3つの問題は、日本語の語順をど

う並べ替えても、正解は「Mary gave Tom a dog.」になったよな？
ここからわかる日本語の特徴は、一体なんや？

えっと、日本語は語順を入れ替えても意味が通じるということで
すか？

やるやんか。その通りや。不自然かどうかは一旦置いといて、語順を入
れ替えても意味は通じるのが日本語の特徴や。理由は、**日本語に
あって英語にないもの**にあるからやねんけど。なにかわかるか？

え〜っと……あ!!!　日本語には「**は**」「**に**」「**を**」があるけど、
英語にはそれがありません！！

すごいやん。この「**は**」「**に**」「**を**」のことを**助詞**って言う
ねんけど、日本語にはあるけど、英語にはないよな。この助詞って
やつが日本語ではめっちゃいい味出してるねん。カツオだしくらい
ええ味出してるねん。

私、コンブだし派です。日本語には「助詞」があるから、語順を入れ
替えても意味が通じるということか！

その通りや！　一方、英語はどうや？　さっきの3問でわかったこ
とは、どれだけ日本語の順番を変えても、英語は1通りしかなかっ
たということや。つまり、裏を返せば、英語は語順を入れ替えると
意味が変わってしまうねん。

例	Mary gave a dog Tom.	「メアリーはイヌにトムをあげた」
	Tom gave Mary a dog.	「トムはメアリーにイヌをあげた」

29

なるほどですね！

 ここからわかることはなにかというと、**日本語は助詞が意味を決めていたけど、英語にはその助詞がない**ということ。では、なにが意味を決めているかというと、語順が意味を決めているってことやねん。ここ**絶対に覚えておいてくれ**。なんでノートとってないねん。今聞いてわかっても、明日になったら忘れてるぞ。メモや、メモ。ファインディング・メモや。

 それ、ニモです。

 たまにはジョークも必要やろ。

 日本語の「助詞」のような働きを、英語では「語順」がしているってことですね。初めて知りました。

 そうやねん。おもしろいやろ？　普通、英語を勉強するときって、アルファベットやったり、あんまり使わへんしょうもない挨拶とかばっかりやるやろ？　でもな、俺はこの、英語と日本語の決定的な違いからやるべきやと思ってるねん。

たしかに。挨拶とかしてる暇あったら、
こういう話を聞きたかったです。

俺らが普段使っている日本語と英語は、言語としてそもそものシステムがまるで違うねん。日本語はたいして語順なんて意識しなくても意味を持った文をつくれるけど、英語ではそれが許されへんねん。語順絶対主義や。英語は語順が命や。言うてみ。

え。恥ずかしいです。

なにを恥ずかしがっとるねん。
英語できるようになりたいんちゃうの？

わかりました。**語順絶対主義。英語は語順が命。**

そうや。これはメモするどころか、
タトゥーにしてほしいくらいや。

タトゥーはしない派です。

ジョークやないかい。

1-2　英語の語順のルールは たった「5パターン」

ちなみに、英語を学ぶ上で大事なことって**2つ**あるんですよね？
もうひとつはなんなんですか？

焦りすぎや。2つ目の話をする前に、さっきの語順の話を掘り下げたいねん。というわけでここからは、英語の基本の「キ」である**英語の語順のルール**について学んでいくな。ここから頭をちょっと使うで。

わかりました。がんばってみます！

それじゃあ、さっそく問題！

Q　語順のパターンはどのくらいあるか？

ん〜。**見当もつかないですね。**

そうよな。だって、英語の文章なんて無限にあるもんな。
ほら、これを見てくれ。

英文

I run fast.

He lives in Osaka.

She arrived at the station at five.

There is a book on the desk.

Look at the man who is teaching English.

She is a doctor.

To speak English is a lot of fun.

My hobby is collecting stamps.

What he did is right.

That he is married to her is the fact.

I know the man.

I know the man who broke the window.

The woman whom I know knows the man.

I know what to do today.

I know who broke the window in the classroom.

I gave him a present.

He teaches me English.

The man bought her a ring.

The teacher send me a letter.

My mother made me lunch.

Love makes me strong.

He calls a cat Pochi.

I found the book easy.

She named the baby Daiju.

My boss made me do it.

これはなんですか？？

英文や。

それは見たらわかります。
こんなにも語順のパターンがあるってことですか？

そう思っても仕方ないよな。英文なんて無限にあるわけやから、語順も無限にあると思ってしまうのも無理はない。ほんならもう少しくわしく見ていこうか。さっきの大量の文章を色分けしてみるで。俺が指をぱっちんしたら、色が変わるで。

パチッ

グループ1

I run fast.

He lives in Osaka.

She arrived at the station at 5.

There is a book on the desk.

Look at the man who is teaching English.

グループ2

She is a doctor.

To speak English is a lot of fun.

My hobby is collecting stamps.

What he did is right.

That he is married to her is the fact.

グループ3

I know the man.

I know the man who broke the window.

The woman whom I know knows the man.

I know what to do today.

I know who broke the window
in the classroom.

グループ4

I gave him a present.

He teaches me English.

The man bought her a ring.

The teacher send me a letter.

My mother made me lunch.

グループ5

Love makes me strong.

He calls a cat Pochi.

I found the book easy.

She named the baby Daiju.

My boss made me do it.

その演出を本でするのって難しくないですか？
編集者泣かせですね。

裏事情はええねん。あくまでもこれは今リアルに教えているっていう裏設定があるんやから。きっと編集者がなんとかするねん。知らんけど。そんなことよりも、これを見てどう思う？

5つにグループ分けされています。

そうや。たくさんあった英文やけど、実は、英語の語順のパターンは、**たったの5つに分けることができるねん。**

語順のパターンが5つしかないとわかって、少し気が楽になりました。もっとたくさんあると思っていたので、よかったです。

たったの5パターンの語順の型を使いこなすだけで、英語はできるようになるねん。たったの5つやったらできそうな気がするやろ？ちなみに、5つのグループと聞いてなんか思い出せへんか？

正式名称は覚えていませんが、確か**S**とか**V**とか**O**とかみたいなのがあった気が……。

そや！　昔々の記憶をさかのぼってくれておおきに。

しししし、失礼な。

いわゆる英語の「**5文型**」と呼ばれる項目や！
なにか当時の印象はあるか？

大嫌いでした。全然意味がわからなかったんです。
SとかVとか「**もうやめてー**」って**SOS**でした。

うまいこと言うやん。実は、日本人が英語ができない理由は学ぶ側に問題がないわけではないんやけど、教える側にも問題があるねん。この5文型をわかりやすく、使いこなせるように教えられる先生ってすごく少ないねん。だから、ほとんどの日本人はこの5文型ってのが、ようわからん存在になってるんやな。

たしかに、当時の先生がこの5文型を説明しているときに、本当になにを言っているのか、わからなかったですね。

でもな、さっきも言ったけど、英語を爆速で学びなおす上で、英語の語順のルールであるこの5文型は、欠かせない重要なピースやからがんばってくれよ。大丈夫や。あんたの前にいるのは、自他ともに認める英語の神様やからな。

神様は自分で自分のことを「神様」って言わないと思います。
それに神様って、そんなにコーラ飲みますか？

神様の大好物は古代からCokeや。いきなり「5文型」だとか「SVOC」だとか言われても、それこそ挫折してしまうやろ。だからそういった言葉は使わずに説明するな。**ゲームは好きか？**

なんですか、急に。そうですね。結構好きかもしれません。

実は英語って、**超シンプルなカードゲーム**なんや。

英語がカードゲーム！？　なにをふざけてるんですか。英語がゲームだったら、みんな楽しんで勉強しているじゃないですか？

ほう。ほんなら下の図をまずは見てくれ。

語順の5パターン

【1】		は			
【2】		は			
【3】		は		を/に	
【4】		は		に	を
【5】		は		が	

なんですか、この図は？

英語の5パターンを箱に見立ててるねん。そして、英語というのはズバリ、**箱の中にカードを入れるゲームや！！！**

まだ、全然しっくりこないんですけど。

ほんなら、さっそく「箱の中にカードを入れるゲーム！！！」

「王様ゲーム！！！」のノリで言わないでください。

まずは【1】に**カード**を入れてみよか！

カードってなんですか？

大事なことを言い忘れてたわ。この**カードってのが英単語の
こと**や。【1】の左側の箱に「Tom」というカードを、右側の箱に「走
る」という意味の「run（s）」というカードを入れてみよか！

Tom	は	run（s）

入れましたよ。これがどうしたんですか？

君の目はふし穴か。よーーーく、見てみ。箱を。
なんか箱に書いてないか？

あ！！！　「**は**」って文字が書かれています。

ってことは、どんな意味になる？

「トムは走る」？

そうや。英語っちゅうのは、こんな感じで、箱の中に英単語という
名のカードを入れる。そしたら意味の通る英文ができるという
カードゲームや。

なんとなく英語の仕組みがわかりました。
もう少しやってみたいです。

よっしゃ！　じゃあ、次は【4】のひとつ目に「Mary」を、2つ目に
「gave（give）」を、3つ目に「Tom」を、4つ目に「a dog」というカー
ドを入れてみ！　ほんで、箱に書かれた小さい文字でつないでみ。

| Mary | は | gave | | Tom | に | a dog | を |

「メアリーはトムにイヌをあげた」！！！！！

そ〜や〜〜。
なんとなくこのゲームの意味がわかってきたんちゃうか？

つまり、「は」「を」「に」が書かれた箱の中に、単語のカードを入れ
るゲームが英語、ってことですか？？

その通りや！　**箱にカードを入れたら英文は無限にでき
る**ねん。むちゃくちゃシンプルやろ？

すごい。 **もしかして神様**ですか？

 だから神様やって言うてるやろ。てことで、このゲームを楽しむために覚えてほしいことがある。まずはこの5つのパターンを頭に入れてくれ。

 箱の配列と、その箱に書かれている「**助詞**」を覚えるってことですね？　たったの5つだけなので、なんかすぐに覚えられる気がします！　なんだか簡単だし、ちょっと楽しいので、どんどんカードを入れていってみます！

 おお。童心に帰ってるな。好きにカードを入れて、楽しんでみてくれ！　いくつかカードも準備しておくな。

英語は、「は」「を」「に」などと書かれた箱の中に単語のカードを入れるゲーム

語順の5パターン

【1】	は			
【2】	は			
【3】	は		を/に	
【4】	は		に	を
【5】	は		が	

カード

man	Mary	run	know	make	slowly
Tom	dog	give	be	book	happy

じゃあ、今度は【3】の左側に「Tom」、真ん中に「know」、右に「Mary」を入れてみます。

Tom は	know	Mary を

お、ええやん。どんな英文になった？

Tom know Mary. ですね。

細かいこと言うと、Tom knows Mary. で、**三単現の s** ってのが必要やねんけど、そのあたりの話はあとでするわ。意味はどうなる？

「トムはメアリーを知っている」になりました。

いいやん。どんどんいこ。

じゃあ、次は【3】の左に「Mary」、真ん中に「Tom」、右に「run」を入れてみます！

Mary は	Tom	run を

なるほど。できあがった文は？

え〜っと、Mary Tom run. なので……………、あれ？
これって合ってますか？

間違ってるよ。

え？　このゲームって「間違い」とかあるんですか？
全然このゲームおもしろくないじゃないですか。
ややこしくなってきました。

気が早いて。どんなゲームでもそうやけど、「これはやったらあか
んよ」って**ルール**があるやろ？　サッカーやったら手を使ったら
あかんとか、バスケやったらボール持ったまま走ったらあかんと
か。なんでもそうやけど、**ゲームっちゅうのは、ルールが
あって初めて成り立つ**んや。

わかりましたよ。で、そのルールってのはなんなんですか？

ここで「中学英語を最短で学びなおす上で必要なたった2つのこ
と」の2つ目が登場や。それが「ひんし」というものや。

瀕死……？

それは英語を目の前にしたときのあんたや。ちゃうちゃう。「**品詞**」や。

「品詞」ですか。聞いたことはあります。
で、なんでそれが大切なんですか？

この英語の語順のカードゲームには、**5つのルール**があるねん。たった5つだけや。野球で言うところの「9人でする」「守備と攻撃に分かれる」「9回裏表での点の高いほうが勝ち」くらいの簡単なルールや。なにも野球の「フィルダースチョイス」みたいな難しいルールは出てこんから安心してくれ。

わたし、フィルダースチョイス※知ってます。

※フェアゴロを扱った野手が、一塁で打者走者をアウトにする代わりに、
　先行走者をアウトにしようと他の塁に送球すること。

野球くわしいな!!!　気を取りなおして、この英語のカードゲームの**5つのルール**を紹介するで。

ルール①　箱に入れていいカード（品詞）は決まっている
ルール②　どの箱のパターンを使えばいいかは、動詞が決定権を持っている
ルール③　空っぽの箱があったらダメ！
ルール④　形容詞は単体で箱の中に入るときもあれば、名詞とくっつくときもある
ルール⑤　「副詞」と「前置詞＋名詞」のカードはどの箱にも入らない

なんのことを言ってるのかは、まだよくわからないけど、
このくらいならいけそうです。

じゃあ、ひとつひとつのルールを順を追って見ていくで。まずは、
ルール①「箱に入れていいカード（品詞）は決まっている」や。

ルール① 箱に入れていいカード（品詞）は決まっている

どういうことですか？ **なんでも入れていいってわけじゃない**ってことですか？

家にあるゴミ箱をイメージしてみてや。ゴミ箱になんでもかんでも入れてしまうと、回収してもらわれへんかったり、管理人さんに怒られたりするやろ？ だから、「燃えるゴミ／燃えないゴミ」みたいな感じで分別して捨てるやん。英語でも「この箱にはこれを入れてくださいね」というルールが決まってるねん。

語順の5パターン

【1】 | 名詞 は || 動詞 |

【2】 | 名詞 は || 動詞 || 名詞 形容詞 |

【3】 | 名詞 は || 動詞 || 名詞 を/に |

【4】 | 名詞 は || 動詞 || 名詞 に || 名詞 を |

【5】 | 名詞 は || 動詞 || 名詞 が || 名詞 形容詞 |

うちもゴミ箱に「燃えるゴミ」とか「燃えないゴミ」とかってちゃんと書いておかないと、家族が好き勝手に捨てるから困ってました。

せやろ？ だから、ゴミ箱に「燃えるゴミ」、「燃えないゴミ」って書いといたらみんな間違わへんやろ？ それと同じで、ゴミ箱のルールと英語のルールは同じやねん。それぞれの箱に入れていいものは決まってるねん。

なるほど。英語はゴミってことですね。

何十億人を敵に回す気か。話を戻すと、これは入れても大丈夫、これはあかんってのを、**自分の力で見分けよう**と思ったら、さっき出てきた「品詞」ってのが必要になるわけや。

品詞ってなんか嫌いです。難しいイメージしかありません。

せやろ？　でもな、英語の場合は大きく分けると**たったの4つ**しかないねん。

英語の品詞って大きく分けると4つしかないんですか？

英語の四大品詞

① **名詞**：ものや人の名前
② **動詞**：動作
③ **形容詞**：名詞をくわしく説明する
④ **副詞**：名詞以外をくわしく説明する

※ここでは代名詞、前置詞、接続詞、間投詞などを考えないことにします。

このように各品詞にそれぞれの役割があるねん。こうやって説明するだけやとピンとこないやろうから、実際にトレーニングしていこか。それぞれの単語のカードの品詞が一体なんなのか考えていこう。**まず名詞**はどれや？

単語のカード

man	Mary	run	know	make	slowly
Tom	dog	give	be	book	happy

ん〜……man、Mary、Tom、book……dog ?

お、ええやん。次は**動詞**。

run、know、make、give、be ですか？

そうやな！　実はもうひとつ動詞が隠れているんやけど、
どれやと思う？

わからないです……。

名詞のところで出てきた book も、実は動詞やねん！
大谷翔平くんと同じや。二刀流ってことや。

先生って、**野球の話でたとえてくる、結構古いタイプ**の
先生なんですね。私は野球にくわしいからわかりますけど、普通の
女子はそんなに野球にくわしくないと思いますよ。

やかましいわ。誰が古いタイプや。**ピチピチの神様**やぞ。

で、この「book」は動詞だと、どういう意味になるんですか？

予定が2つ重なることを「ダブルブッキング（double booking）」って言うよな？　だから、「book」は動詞やと「予約する」という意味になるねん！

なるほど。**ひとつの単語が2つの品詞と異なる意味を持つことがある**んですね。

で、次に**形容詞**と**副詞**やけど、きちんと**この2つの違い**を説明できるか？

ん〜そう言われると結構難しいですね。

次の下線部は、それぞれ形容詞か副詞、どっちかわかるか？

① まっすぐな線を引く
② まっすぐに線を引く

わかるんですけど、あえて今は答えないことにします。

なんやねん、そのあまのじゃくは。ま、ええわ。形容詞と副詞のポイントは、「**どこを修飾するか**」やねん。たとえば、「まっすぐな線」は違和感ないやろ？　でも「まっすぐな引く」は違和感あるよな？

はい。

ということは、「まっすぐな」のほうは「線」という名詞を修飾してるから形容詞になるねん。名詞とセットの修飾語が形容詞な。ほんなら、「まっすぐに」のほうはどや？

「まっすぐに引く」が違和感ないし、「（線を）引く」という動詞にかかっているので副詞ですか？

ええやん！ 「**なにを修飾するか**」で形容詞と副詞を判別することが可能やねん！　形容詞は名詞とセット、副詞は名詞以外とセットで使うということを押さえといてくれ。

ほんなら形容詞と副詞を分けていこか。
単語カードの中で形容詞はどれやと思う？

happyですか？

ええやん。happy news で「うれしいお知らせ」よな。news という名詞とセットで使うから形容詞や。ほんなら、副詞はどれや？

slowly!!（ゆっくりと）

調子上がってきたな！　ここでひとつ裏技を教えとくわ。簡単に副詞を見分ける方法は、**語尾に「ly」がついているかどうか**やねん。もちろん例外も多少あるけど、**ly がついていたらほとんどが副詞**や。めちゃ便利やで。

carefully / safely / easily / quickly / badly / perfectly / slowly / early
など

なるほど。品詞についてはだいぶ理解が深まりました。

ええやんかー。ルール化すると今、説明したみたいになるんやけど、実際のところは、慣れてきたらその単語を見れば「なに詞」かすぐに判断できるようになるで。英単語を覚えるとき、普通は「意味」とか「スペル」をどうしても見てしまいがちやろ？　でもな、それだけじゃなくて、これからは**品詞も意識してほしい**っちゅうことや。遠回りに感じるかもしらんけど、**それが最短やったりするんよ**。

これからは英単語の見え方が少し変わりそうです。

で、さっきのあんたの英文、Mary Tom run. が、なんであかんかわかるか？

あ、箱の中に入っている品詞がダメですね。

Mary	Tom	run |.
名詞	名詞	動詞

箱の中に、むちゃくちゃ入っとるな。燃えるゴミの中に「冷蔵庫」が入ってるようなもんや。でも、この**ルール①**を知ったことで、箱の中になんでもかんでも適当に入れたらあかん、ってことはわかったな？

はい、わかりました！　品詞を意識します！

ルール①　「箱に入れていいカード（品詞）は決まっている」のまとめ

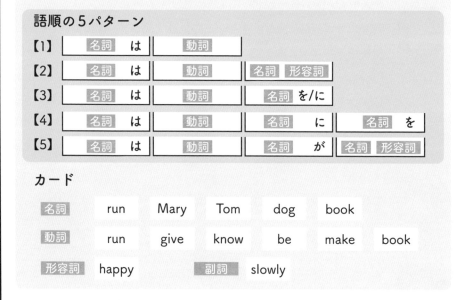

語順の5パターン

【1】　名詞　は｜｜動詞

【2】　名詞　は｜｜動詞｜｜名詞　形容詞

【3】　名詞　は｜｜動詞｜｜名詞　を/に

【4】　名詞　は｜｜動詞｜｜名詞　に｜｜名詞　を

【5】　名詞　は｜｜動詞｜｜名詞　が｜｜名詞　形容詞

カード

名詞	run	Mary	Tom	dog	book

動詞	run	give	know	be	make	book

形容詞	happy	副詞	slowly

ここからがこのカードゲームの2つ目のルール②「**どの箱のパターンを使えばいいかは、動詞が決定権を持っている**」や。これは意味わかるか？

 ん～と、わかりません。

 たとえばな。know っていう動詞があるやろ？　この know は語順のパターン【1】～【5】のうちどれを使うと思う？

 え？　どれでもいいんじゃないんですか？

 実は、**すべての動詞は、どの語順のパターンになるかってのがあらかじめ決まってる**ねん。

 まるで**DNA**みたいですね。

 お、ええたとえするやん。俺がこうやってさわやかな雰囲気なんも、言ってしまえば DNA なわけや。

51

なるほど。

 「なるほど」やないねん。つっこまんかい。
関西やったら、すかさず「**どないやねん**」の応酬やで。

 で、どの動詞がどの語順のパターンになるかって、
どうやって見極めるんですか？

 覚えるしかない。

 え？

 聞こえへんかったんか？　**覚えるしかないねん。**

 え？　世の中には動詞っていくつもありますよね？　それぞれの動
詞がどのパターンをとるかってのを「覚えろ」って言うんですか？

 そや。

え？　本当に言ってます？　**裏技**とかないんですか？

ほら。そうやってすぐに裏技を求めるやろ？　そういうところやねん。そういうところが、あんたが英語ができへん理由やねん。

わかりました。裏技はないんですね。がんばって覚えますよ。

裏技はあるねん。

なんなんですか？　あるんですか？？？

もっと喜ばんかいな。一種の演出やないか。
1回落として、上げるっていう、基本中の基本やないかい。

なんか、もてあそばれた気がして腹が立ちます。

で？　聞きたないの？

き、き、聞きたいです。

しゃあないなぁ。**実はな、それぞれの語順のパターンって、だいたい意味が決まってるねん。**

どういうことですか？

たとえば**パターン【1】の名詞＋動詞やったら「名詞が動く／ある」って意味**になるねん。ってことはどういうことや？

動詞の意味が「〜が動く／ある」のときはパターン【1】になると。

そういうこっちゃ。たとえばパターン【1】の動詞はrun「走る（動く）」、walk「歩く（動く）」、live「住んでいる（いる）」みたいなやつや。

おお！　すごい！　**動詞の意味と語順のパターンが連動**しているんですね！　例外はないんですか？

出たよ。**例外厨**。最初から例外ばっかり指摘するやつな。Amazonのレビューとか YouTube のコメントとかでもよう見るわ。

こんな感じのやつですね。

★☆☆☆☆　例外があって、当てはまらないと思います。

★☆☆☆☆　「ずばり、これ！」と言うけど例外があります。

★☆☆☆☆　例外あるやん。例外！　例外!!　例外!!!

例外があることぐらい知っとるねん。言われんでも知っとるわ。こっちは神様やぞ。そんなことは生まれる前から知っとるねん。ややこしなるから、あえて今は例外の話はしてないんや。

怒ってます？（笑）

怒っとるわけないやろ!!!

コメントにむっちゃ怒ってる（笑）　カワイイ（笑）

たとえばな、野球には基本的なルールがあるよな？　でもその基本のルールに当てはまらへんような例外的なルールもあるやろ？　たとえば、野球初心者にエンタイトルツーベース教えるか？

教えないですね。打って、走ってっていう基本からまずは教えます。

せやねん。そういうこっちゃ。もちろん言語やねんやから、例外なんてあるに決まってるねん。でもそれを最初のタイミングで1から100まで全部教えてなんになる？　って俺は思うわけや。

なるほど。大事なことを学んだ気がします。じゃあ次のパターン【2】のときの動詞ってなんなんですか？

 ちょっとヒートアップしたから、Coke飲んで気を沈めるわ。パターン【2】は「**be**」や。

 ハチですか？

 それはBee動詞や。
ぶんぶんぶんちゃうねん。
そんな動詞あらへん。

 学生時代にbe動詞ってやったのは
覚えているんですけど、いまいちわからなかったんですよね。

 ずばり、**be動詞は「＝」や。**

今日は英語の授業なんですよね？
どうして数学の記号が出てくるんですか？

 それが一番わかりやすいからやん。たとえば「私は医者です」という文があったとするやん。このときの私と医者の関係は？

 あ、「私＝医者」だ。

 せやろ？　そういうこっちゃ。だから日本語の文章を読んで、「＝を表しているなぁ」ってときは、be動詞を使ってパターン【2】で英文をつくればええんや。

 なるほど。**be動詞は「＝」でパターン【2】**。覚えました。
次はパターン【3】のときの動詞を教えてください。

 ほとんどがパターン【3】やねん。

 え？
ほとんどがパターン【3】？

57

そうや。逆にパターン【3】以外は数が少ないから覚えたらええねん。

なるほど。なんかパターン【3】でほかに注意しておくべきことはありますか?

せやなぁ。ほとんどの動詞がパターン【3】って言うたけど、大枠の意味はどれも「〜が〜**を**……する」「〜が〜**に**……する」になるな。通称**ヲ二文**や。

パターン【3】は「〜を……する／〜に……する」のパターンですね。覚えました。

じゃあ次はパターン【4】や。
このパターンの動詞を取るのは**与える系の動詞**や。

与える系? 「give / あげる」とかですか?

そうそう。ほかにもいっぱいあるぞ。「teach / 教える(知識を与える)」「show / 見せる」「send / 送る」とかも全部そうや。

なるほど。なにかほかに注意点はありますか?

動詞の後ろの語順は「人＋もの」や。これで「人にものを与える」になる。順番逆にしたら、おかしな意味になるから、気をつけなあかん。

それでは最後のパターン【5】をお願いします。

パターン【5】は日本人がかなり苦手とするところやねん。たしかにほかのパターン【1】〜パターン【4】と比べると少しばかりややこしいかもしらん。

がんばります。

このパターン【5】は動詞の後ろが大事なんや。

名詞 ＋ 動詞 ＋ 名詞 ＋ 名詞/形容詞

この動詞の後ろの **名詞** ＋ **名詞/形容詞** が**主語と述語**の関係になるねん。

なんだかややこしいですね。

たとえばパターン【5】を使うのはcallとかや。「私は彼をトムと呼ぶ」を英語にすると「I call him Tom.」や。この「him」と「Tom」の関係性はなんや？

「彼がトムだ」ってことですか？

そういうこっちゃ。**それが主語と述語ってこと**や。なのでcall以外にも「name / A を B と名付ける」とか、「make / A を B（の状態）にする」とかがあるねん。

動詞の後ろにもう1回主語と述語が出てきたら、ひとまずパターン【5】ってことですね。

まぁ、もちろん例外はいくつかあるけど、最初はそれでOKや。これでこのカードゲームのルール②「どの箱のパターンを使えばいいかは、動詞が決定権を持っている」は以上や。
ここまでの話をまとめてみ？

動詞によってどの語順のパターンになるかが決まっているので、**動詞を覚えよう**ってことですね！

ルール② 「どの箱のパターンを使えばいいかは、　　　動詞が決定権を持っている」のまとめ

パターン【1】の動詞の意味 ➡ いる、動く

パターン【2】の動詞の意味 ➡ ＝（イコール）

パターン【3】の動詞の意味 ➡ いっぱいあるので覚えるしかない！

パターン【4】の動詞の意味 ➡ 与える

パターン【5】の動詞の意味 ➡ 動詞の後ろに主語＋述語の関係がある

➡ 動詞の意味から「どの語順のパターンになるか」を判断する！

ルール③　空っぽの箱があったらダメ！

ほんならルール③「空っぽの箱があったらダメ！」や。これは簡単や。**必ず箱の中にはカードを入れなあかんねん。**

なるほど。空っぽの箱がある場合は英文として間違っているってことですね。これは大丈夫そうです。

ルール③　「空っぽの箱があったらダメ！」のまとめ

「I give.」と、ここで文を終わらしたらダメ！　「give」はパターン【4】の「与える」という動詞だから、「give＋□＋□」のように、後ろに箱が2つある。それなのに箱の中が空っぽだとダメ！

61

ルール④　形容詞は単体で箱の中に入るときもあれば、名詞とくっつくときもある

次はルール④「形容詞は単体で箱の中に入るときもあれば、名詞とくっつくときもある」や。

働きが2つあるってことですか？

そうや！　まずはひとつの働きを見ていくで。
箱の中に形容詞が入っているのはどのパターンや？

えっとパターン【2】とパターン【5】です。

パターン【2】　| 名詞 は | | 動詞 | | 名詞　形容詞 |

パターン【5】　| 名詞 は | | 動詞 | | 名詞　は | | 名詞　形容詞 |

そやな。パターン【2】とパターン【5】のときは、形容詞を単体で置けるな。

パターン【2】

| He | is | busy |

名詞　動詞　形容詞

パターン【5】

| Love | makes | me | strong |

名詞　動詞　名詞　形容詞

これが箱の中に入るパターンな。

 ここまで大丈夫です！
もうひとつの「形容詞の働き」ってのはどんなものですか？

 名詞とくっつくときや！　たとえば、happy story（幸せな物語）とかsad news（悲しい知らせ）みたいに、名詞とくっつくことができるんや。

 なるほど！　tall man（背の高い男性）とか、cool man（かっこいい男性）とかもですね？

 お、俺のことかいな!?　そういうこっちゃ。

 ## 真逆です！

ルール④　「形容詞は単体で箱の中に入るときもあれば、名詞とくっつくときもある」のまとめ

形容詞の働きは2つ！

①単体で箱の中に入る

He is tall.
　形容詞

She is kind.
　形容詞

②名詞とくっつく：a tall man　an interesting speech

ほんなら最後のルール⑤や。「『副詞』と『前置詞＋名詞』のカードはどの箱にも入らない」ってやつやな。

「副詞」と「前置詞＋名詞」は箱の中に入らないんですか?

ゴミ箱の中に入らないものってあるやん?　粗大ゴミみたいな。そんなイメージが副詞やねん。副詞も置く場所は、ある程度決まってるんやけど、現時点では「**文末に置く**」と覚えておけば大丈夫や。後でくわしく見ていくから。ちなみに副詞は「副（そ）える詞」やから、料理のメインディッシュの横にある温野菜みたいなイメージで、あまり深く考えなくて大丈夫や!

なるほどですね。副詞のルールもよくわかりました。
たとえば、I run **slowly**. ってことですよね?

その通りや!　すばらしい成長やな。

ところで、**前置詞**ってのはなんですか?

前置詞ってのは、**in**、**at**、**from**、**of** みたいな、短いやつらや。

あー、なんかありましたね。これらは、なんなんですか？

前置詞は「**寄生虫**」や。基本的に1人では生きられへん。

寄生虫？

前置詞の後ろには。必ず名詞がくっつくねん。

ほれ。

   in   the park

前置詞 ＋ 名詞

   from   your house

前置詞 ＋ 名詞

      of   my memory

前置詞 ＋ 名詞

本当ですね。前置詞の後ろには必ず名詞がいますね！

こいつらは1セットで必ず動くぞ。

んで、箱の中には入られへん！　副詞と同じや。

箱の外なんですね！

 I | play | soccer | <u>in the park</u>.

↑
箱の外！

> ### ルール⑤　「『副詞』と『前置詞＋名詞』のカードはどの箱にも
> 　　　　　　入らない」のまとめ
>
> ・副詞を置く位置はだいたい決まっている
> ・前置詞は「寄生虫」。前置詞の後ろには必ず名詞がいる

　　　　　　　　　　　　　　　　　　:
　　　　　　　　　　　　　　　　　　:

 「語順のカードゲーム」のルールは、これでおしまいですか？

 そうや！　ここからは実際にカードゲームをしていこか。

 やっとゲームが楽しめますね！

カードゲームのルールのおさらい

ルール①　箱に入れていいカード（品詞）は決まっている

ルール②　どの箱のパターンを使えばいいかは、動詞が決定権を持っている

ルール③　空っぽの箱があったらダメ！

ルール④　形容詞は単体で箱の中に入るときもあれば、名詞とくっつくときもある

ルール⑤　「副詞」と「前置詞＋名詞」のカードはどの箱にも入らない

練習問題

正しい順番になるように、次のカードを並べ替えなはれ。

① 私は医者です。

a doctor ／ am ／ I

② 太陽が昇る。

rises ／ the sun

③ あなたはテレビを見る。

watch ／ TV ／ you

④ 私はあなたにパスポートを見せた。

showed ／ you ／ I ／ a passport

⑤ 彼女はその男をボブと呼ぶ。

calls ／ the man ／ Bob ／ she

①be動詞「am」なので、パターン②となる。

　be動詞は「＝」なので「I ＝ a doctor」。

　答え　I am a doctor.

②動詞が「昇る」なので「動く」系の意味。なのでパターン①となる。

　答え　The sun rises.

③テレビ「を」の「ヲニ文」でパターン③となる。

　答え　You watch TV.

④「見せた」は「与える系」なのでパターン④になる。

　「動詞＋人＋もの」で「人に」「ものを」「与える系」となる。

　答え　I showed you a passport.

⑤「その男はボブだ」の主語と述語が続くので、パターン⑤になる。

　動詞＋A＋B（AとBの関係は主語と述語の関係）になる。

　答え　She calls the man Bob.

1-3 語順と品詞を駆使すれば「点」が「線」になる

英語において大事な話は、ここまででほとんど終わりや。最も大事な考え方である「**語順**」と「**品詞**」を見てきた。でもな、**ここからがダイジュ式の本領発揮**やねん。

あんまり言いたくないですが、ここまでの内容……、**むちゃくちゃわかりやすかった**ですよ？　でも、ここからが本領発揮なんですか？

言いたくないってなんやねん。もっと言いなはれ。
ここからは、各文法項目を**点ではなく線**にしていくねん。

線？

たとえばな、不定詞を理解しようと思ったら、不定詞だけの勉強をしたらええってわけやないねん。関係代名詞や間接疑問文を理解しようと思ったら、それだけをしても結局わからへんねん。つまり点で勉強してもあかんねん。だからこそ、各文法項目をつなぎ合わせていくことによって、理解を深めまくろうってことや。それが線や。

わかったような、わからないような。

ここからは各品詞ごとに文法項目を見ていくで。普通やったら中1で過去形と現在進行形やって、中2で未来表現を習って、中3で現在完了……みたいに、学年ごとに少しずつ教わる。でもな、**もったいぶるかのように小出しにしてきよるのが諸悪の根源**やねん。

諸悪の根源!?　それが普通だと思うんですけど。

ちゃうねん。なんのためにここまで語順と品詞の話とかを、くわしくやってきたんかって話やねん。

語順や品詞が大事だからじゃないんですか？

もちろんそれもある。でもな、語順と品詞を軸に文法項目を見ていったら、大量にある文法項目が**たったの4つに分類**できるねん。

4つ？　そういえば最初のときも言ってましたね。あのときはハッタリかましてるんかと思っていました。本当なんですか？

70

そや。ここからは、

①動詞に関する文法項目
②名詞に関する文法項目
③形容詞・副詞に関する文法項目
④カタマリに関する文法項目

　　の４つに分類して、一気にかけ登っていくで。
　　具体的には次のページを見てくれ。

これで**中学英語のすべての項目を一気に線でつなげることができる**ねん。でもな。どの項目も、ここまでやってきた「語順」と「品詞」のルールがベースになっとる。

わかりました。まだまだ道のりは遠そうだけど、がんばってみます!!

その意気や!!!

中学英語の文法項目はたったの4つに分類できる！

	①動詞に関する 文法項目	②名詞に関する 文法項目
中1	be動詞 一般動詞 現在形・三単現のs 過去形 現在進行形 助動詞can	可算名詞・不可算名詞 名詞の複数形 代名詞 冠詞
中2	過去進行形 未来表現 助動詞 受動態	
中3	現在完了形 現在完了進行形 （新学習指導要領） 仮定法 （新学習指導要領）	

③形容詞・副詞に 関する文法項目	④カタマリに 関する文法項目
前置詞 形容詞 副詞	疑問詞
比較	不定詞 動名詞 接続詞
	間接疑問文 分詞 関係代名詞

「発音できない音」は「聞き取れない」で！

「英語が全然、聞き取れないんですけど……」って話は、これまで、数えきれないほど聞いてきた。このとき「化石」の先生たちの常套句は、「リスニングできるようになるには、いっぱい聞け」や。でもな、何回聞いても、聞こえへんもんは聞こえへんねん。ここで、超重要なことを伝えておく。

発音できない音は、聞こえない。

だから、まずは聞こうとしたらあかん。**発音できるようになることが大切**なんや。

たとえば、「Thank you.」は、なんて発音する？

そう「サンキュー」やな。でも、よう考えてみ。これって「Thank（さんく）you（ゆー）」やろ？　でも、実際に発音するときは「さんく　ゆー」じゃなくて、音がくっついて「さんきゅー」になる。つまり、**音は変化する**ってことや。

I met him yesterday.

これ発音してみ？　ほう、

「あい　めっと　ひむ　いえすたでい」

か。まぁ、間違ってはおらんな。でもな、その発音では、聞き取られへん。ってことで、音変化の一例をまとめとくな。

音変化の一例	例	発音
音はくっつく	thank you（kとyがくっつく）	サンキュウ
音が消える	him（hは消える）/morning（gが消える）	イム / モーニン
t変化（母音にはさまるtは、ラ音に変化）	better（母音にはさまるtは、ラ音に） water（母音にはさまるtは、ラ音に）	ベラー ワラー

つまり、I met him yesterday. は、

① him の**h**が消えて「イム」

② me**t h**im（メット イム）がくっついて「メティム」

③ me**t** him のtが、ラ音に変わって「メリム」

せやから、I met him yesterday. は、「アイ メリム イエスタデイ」になるんや！

動詞と助動詞は
「日本語訳」より「イメージ」が大切！

動詞は英語の「司令塔」や。ここでは動詞の文法を一網打尽にするで。具体的には「時制」「助動詞」「受動態」の3つや。なんとなく「英語」と「日本語」を1対1の対応で覚えとらんか？　実はそれ、危なすぎるから、正しい見方を伝授するで！

2-1 時制は「文字」ではなくて「イメージ」で理解！

では、動詞に関する項目のひとつ目「**時制**」を見ていくで。
そもそも時制ってなんや？

あんまりわかりませんけど、**現在形**とか**過去進行形**みたいな
やつですか？

やるやん。中学英語では、全部でいくつの時制が出てくるかわかる
か？　○○形ってやつや。

ん〜、7！

それは**イチローがパ・リーグで獲得した首位打者の回数**や。

だから、マニアックな野球のたとえ、絶対にやめたほうがいいで
すって。この本を読んでいる人の多くが伝わらなすぎて、「？？？」
となっていると思いますよ。

きっとわかってくれるから、大丈夫や。中学英語で扱う時制は、①
現在形、②過去形、③未来表現、④現在進行形、⑤過去進行形、⑥
現在完了形の6つやで。ほかに未来進行形とか過去完了形なども
あるねんけど、この授業では中学英語必須の6つを見ていこか。

①現在形：原形と同じ（例：take）／三単現のsがつく（例：takes）

②過去形：edをつける（例：played）／不規則変化（例：took）

③未来表現：will（例：will take）、be going to（例：be going to take）

④現在進行形：is、am、are＋〜ing（例：is taking）

⑤過去進行形：was、were＋〜ing（例：was taking）

⑥現在完了形：have［has］＋過去分詞形（例：have taken）

※新学習指導要領の「現在完了進行形」は巻末の「補講」で説明しています。

この6つを使い分けることができたらいいんですね！　でも簡単じゃないですか？　遠い記憶ではありますけど、

　　過去形なら「〜した」

　　現在進行形なら「〜している」

　　現在完了形なら「〜したことがある」

みたいなやつですよね？

文末にくる日本語の形を覚えておけば簡単ですよ！

お、えらい自信満々やん。ほんならさっそく問題やで。

問題❶

「毎日学校に行っているよ」を英語にすると？

①　I am going to school every day.

②　I go to school every day.

本当に私のことを、相当おバカだと思ってますね。簡単すぎます。「〜している」なので、現在進行形の①でしょ。

なるほど……。もう1問いってみよか。

問題❷

「野球しようぜ！」と誘われたけど、「足を怪我したんだ」と英語で断るときは？

① I injured my leg.

② I have injured my leg.

これも簡単じゃないですか！

「怪我をした」なんだから過去形でしょ。なので①ですね。

なるほど……。では最終問題にいくで。

問題❸

ダイジュは仕事終わりに、みっちーと映画に行くことになっています。いきなり、友達のタカタから電話がありました。

Takata：What are you doing tonight？
（タカタ：今夜、なにをしてるの？）

Daiju：I（　　　）go to the movies with Michie.
（ダイジュ：みっちーと映画に行く**つもり**だよ）

① will

② am going to

もう、なめすぎでしょ？

「〜するつもり」なのでwillですよ。なので①ですね！

なるほど、なるほど……。ファイナルアンサー？？？

なんですか？　その顔は。まさか、みの●んたさんの顔を真似してますか？　なんか、いちいち古くないですか？

そんなことはええねん。どっちや？　ファイナルアンサーなんかい？　ノットファイナルアンサーなんかい？

3つとも①でファイナルアンサー！！

……。

……。

引っ張りすぎてません？

……。

ざんねんっっっ！！！！！！！！！！！！

え？　3問とも間違ってるということですか？

そやで。**ひとっっっつも合ってないで**。簡単、簡単と言うてたな
〜？　全部間違いや。でもな、これはあんたが悪いとも限らんねん。
日本での時制の学び方に大きな欠陥があるっ
ちゅうことやねん。時制を考えるときに全部、**日本語訳**で考え
とったよな？　これが大元凶なんやな。

え？？　でも、そう習いましたけど……。
じゃあ、どういう風に考えていけばいいんですか？

**日本語訳で考えるのではなく、イメージが
大事**やねん。

イメージ？？

そや。それぞれの時制がどんなイメージで使われているのか、
それが時制を攻略する上で、なにより大事やねん。

イメージですか……。ん〜、ピンときませんね……。

現在形と現在進行形

ほな、ひとつ目の問題から見ていくで。

「毎日学校に行っているよ」を英語にすると？

① I am going to school every day.

② I go to school every day.

「〜している」だから現在進行形と考えては「ダメだ」ということですね？

せやで。**日本語と英語を1対1で対応させること自体に問題がある**ねんて。そんなん、はなから無理やねんな。ほんなら、この「毎日学校に行っているよ」ってどんなイメージや？

ん〜そうですね。普段やっていること？
そんな感じのイメージですかね？

すごいやんか。その通りや。
それこそが現在形が持つイメージやねん。
「いっつもするようなこと」には現在形を使うんや。

なるほどー。日本語訳で考えていたらダメだってことですね。

てことで、この現在形のことを**いっつも形**と名付けとくか。せ〜の。

いっつも形！

OKや。ほんなら、いろんな例文を見ていきながら、このいっつも形のイメージを体に染み込ませていこか。

① I get up at seven. 　　　私は（いっつも）7時に起きる。
② Maria wears jeans to work.

　　　　　　　マリアは（いっつも）ジーンズをはいて仕事に行く。
③ The sun rises in the east. 　太陽は（いっつも）東から昇る。
④ Water boils at 100℃. 　　水は（いっつも）100℃で沸騰する。

たしかに「いっつも」のことを表す内容ばかりですね。現在形というと「今のこと」って感じがするけど、違うんですね。すごくよく理解できました。

それと補足やけど、三単現のsってやつ、聞いたことあるやろ？
「三・単・現」って頭文字やねん。たとえるなら、「走・攻・守」みたいなもんやな。

いや、だから、野球選手に必要な能力とか、誰がわかるんですか。
野球のたとえは、もうやめてあげてください。

84

しっかし、あんた野球くわしいな。で、「三・単・現」ってなんの略や？

 三人称・単数・現在形だったと思います。

 はるか昔の記憶やのに、すごいな。

 失礼な！

 これってどういうことかわかるか？

 いえ、「三人称単数現在形」という言葉の語呂がよくて覚えている
だけで、なにがなんなのかはよくわかっていません。

 たしかに語呂がいいから、何回も言いたくなるな。

 で、これはなんなんですか？

第2章

動詞と助動詞は「日本語訳」より「イメージ」が大切！

まずひとつ目の**三人称**から話をしていこか。
三人称ってなにかわかるか？

三人ってことですよね？

それやったら「三人」でええやん。「称」っていらんやん。蛇足やん。

た、たしかに。

そもそも、俺らがいてる世界ってのは大きく３つに分けられるねん。
自分、相手、それ以外、この３つや。自分（たち）が一人称で、
相手（たち）が二人称、そんで自分でも相手でもないのが三人称や。

じゃあ、イチローや桑田真澄や大谷翔平や、バットやグローブや甲
子園は、全部三人称ってことですか？

その通りや。いや、ちょっと待てー。全部、野球に関係することやない
かい。うつっとるねん。それ俺の専売特許や。野球ネタは俺のんや。

ごめんなさい。私もあふれ出る野球愛が出てきちゃいました。

んで次。「**単数**」はわかるな？　「ひとつ」とか、「一人」やな。
んで、最後の「**現在形**」や。

あ、「いっつも形」のことですね。

そうや。だから文の主語が「三人称・単数」で文が「現在形（いっつも形）」やったら動詞にsをつけるっていうルールや。

なるほどー。そうだったんですねー。ってことは主語がOchiai、Nagashima、Kinugasaのときは動詞にsがつくんですね。

その通りや……って、おい、全員、名選手の苗字やないかい。しかも、レジェンド級の選手ばっかりやないか。ローマ字にしたら気づかへんおもたか？

三単現のs

文の主語が「三人称・単数」で、文が「現在形」なら、動詞にsをつける。

① Ochiai plays baseball every day.　　落合は毎日野球をする。

② Nagashima throws a ball in the morning.

　　　　　　　　　　　　　　　　長嶋は午前中にボールを投げる。

③ Kinugasa swings the bat after dinner.　衣笠は夕食後にバットを振る。

そういえば、ひとつ質問、いいですか？　ダイジュ先生、「私はお腹が空いている」って「I am hungry.」で現在形ですよね？　これって「いっつも」ではなくて、「今」お腹が空いているってニュアンスかと……。

すばらしい着眼点やな！　そや。「いっつも形」というのは補足すると「**いっつもの行動**」なんや。なので、そこで使う動詞の意味はすべて「行動」や。一方、「お腹が空いている」とか「幸せに感じる」ってのは、「**今の状態**」やから、「今の状態」を表したいときは「I am hungry.」とか「I feel happy.」のように現在形を使うんや！

なるほどですね！　現在形は「いっつもの動作」と「今の状態」の２つを表すんですね！　すごく納得しました。それじゃあ、**現在進行形**ってどういうときに使うんですか？「～している」って習ったんですけど……。

それは間違いやな！　さっきの「いっつも形」のときもそうやけど、「～している」って日本語で考えるのは危険や。ほら、次の例文を見てみ。「～している＝現在進行形」と考えるとダメな英文や。

例題

① 私は彼を知っている。

× I am knowing him.　　○ I know him.

② 君をかわいいと思っているよ。

× I am thinking you're cute.　　○ I think you're cute.

③ 私は車を持っている。

× I am having a car.　　○ I have a car.

「〜している」だから現在進行形……って考えると、たしかに危険ですねー。じゃあ、現在進行形ってなんなんですか？？

現在進行形はズバリ「**今まさに**！」

「今まさに」！？

せや。あんたは「今まさに」なにをしてるねん？

授業を受けています。

そやろ。まさしくそれや。その「**今まさに**」っていうニュ**アンスが現在進行形**やねん。

① I'm just looking.　「（今まさに）見ているだけです」
② She is jogging.　「（今まさに）ジョギングしています」
③ I am having dinner now.　「（今まさに）夕食を食べています」

なるほど〜。現在形は「**いっつも**」のことだから時間的に長い感じがしますけど、進行形は「**今まさに**」なので短い感じですね。

だから、さっきの進行形を使わない例文をいくつか紹介したけど、その理由がわかるんちゃうか？

① 私は彼を知っている。

    ✗ I am knowing him.

    ○ I know him.

② 君をかわいいと思っているよ。

    ✗ I am thinking you're cute.

    ○ I think you're cute.

③ 私は車を持っている。

    ✗ I am having a car.

    ○ I have a car.

 どの動詞も「今まさに」っていうニュアンスじゃなくて、**時間に幅のある動詞**だからってことですか？

 そうや！　knowの「知っている」は「今まさに知っている」というよりは、今日知ってるってことは明日もたぶん知っているし、1年後も知っているよな。つまり「**いっつも**」ってことや。だから進行形じゃなくて、「**いっつも形＝現在形**」を使うねん。

 なるほど、なるほど。その動詞が「今まさに」というニュアンスを持つことができるかどうかで、進行形にできるかできないかが決まるってことですね。

 ええこと言うやん。
現在形と現在進行形の違いについてまとめておくで。

○ 現在形：「いっつも」の動作と「今」の状態を表す。

○ 現在進行形：「今まさに」の動作を表す。「今まさに」のニュアンスを持たない動詞は進行形にできない。

ちなみに、現在進行形の兄弟である**過去進行形**も見ておこか。

過去進行形のイメージは「**そのときまさに**」や。

① They were eating fish and chips.

（そのときまさに）フィッシュアンドチップスを食べていた。

② At six last night, we were having dinner.

昨夜の6時に（まさに）ディナーを食べていた。

③ What was Ken doing outside at seven last night ?

昨夜の7時に（まさに）ケンは外でなにをしていたの？

現在進行形を過去にずらしたような感じですね。これも理解できました！　これで現在形・現在進行形・過去進行形は完璧ですね！

ええやんけー。その調子やで。

ingのつけ方

①ほとんどすべて ➡「ing」をつける

　study ➡ studying

②語尾が発音しない「e」➡「e」を消して「ing」

　make ➡ making

　come ➡ coming

③短母音＋子音 ➡ 子音を重ねて「ing」

　cut ➡ cutting　　　　u「短母音」＋t「子音」なので、tを重ねてing

　sit ➡ sitting　　　　 i「短母音」＋t「子音」なので、tを重ねてing

※母音：a、i、u、e、o。子音：a、i、u、e、o以外。

　短母音：音を伸ばしたり重ねたりしないで、短く「ア、イ、ウ、エ、オ」と読む母音のこと。

過去形と現在完了形

それでは2つ目の問題いくで。

「野球しようぜ！」と誘われたけど、「足を怪我したんだ」と英語で断るとき
は？
① I injured my leg.
② I have injured my leg.

これがすごく納得いかないです。だって「～した」は過去形って習
いました。なので絶対に①だと思います。

さっき学んだこと忘れたんかいな？ 「**日本語訳**」で時制を
考えるのはナンセンスなんや。ここでの文脈をしっかりと伝
えようと思うと、②のほうがええねん。

どうしてですか？

この2つの文章をしっかりと区別するには、**過去形と現在完了
形の違いを明確に理解する必要がある**ねん。
まずは過去形を見ていこうか。

過去形は簡単じゃないですか。過去のことです。はい、おしまい。
もういいです。次に行きましょう。

甘いなぁ。それでできるんやったら、今この問題も正解しているはずやん。せっかく**過去形の真の姿**について説明しようと思ったのに「もういい」なんて言われたら……。過去形はおしまいにするか……。

真の姿!?　ごめんなさい。教えてください！

仕方ないなぁ。**過去形なのに過去を表さない**ものがあるって聞いたらびっくりする？

ん？　過去形なのに過去を表さない？
ちょっとなに言ってるのかわからない。

次の例文を見てや。

① Could you tell me the way to the station ?
　 駅への行き方を教えてくださいませんか？

② I wish I had my house by the sea.
　 海のそばに家があればなぁ。

①の英文にあるcouldは助動詞canの過去形で、②のhadはhaveの過去形やねん。けど、この2つの過去形は、いずれもまったく「過去」のことを表してないねん。それぞれの日本語を見ても、過去っぽくないやろ？

そうですね。**過去形だけど過去のことは表していないで**すね。どういうことですか？

ここに過去形の真の姿があるねん。
過去形っちゅうのは「**距離**」だと考えてほしいねん。

距離？？？？？

そうやで。なにかと距離を感じるときに過去形を使うんや。

あんまり、しっくりきません。

せやろな。今まで習ってきたこととはまったく違うから、抵抗感があるのも仕方ないやろ。ひとつ目の例文をもう少しわかりやすくするために、can を使った英文と比較してみるで。

① Can you tell me the way to the station?
駅への行き方を教えて。

①' Could you tell me the way to the station?
駅への行き方を教えてくださいませんか。

あ！　もともとの can よりも、過去形の could のほうが丁寧な感じになりますね。

その通りや。なんでかわかるか？　日常生活の中でどういうときに丁寧な言葉遣いや敬語を使う？　仲のいい友達同士で話すときに敬語なんか使うか？

使わないです。あ‼　わかった！　年長者とか目上の人とか初対面の人のように、少し人間関係に**距離感**があるときに敬語を使うんだ！　だから過去形のcould を使うと丁寧表現になるのか。

そういうこっちゃ。過去形は人間関係の距離＝丁寧表現を表すっちゅうこっちゃ。ほんなら②の例文も見てみよか。

② I wish I **had** my house by the sea.
　海のそばに家があればなぁ。

海のそばに家があればなぁ、なんて妄想するときありますよ。海のそばの6LDKの家で、家庭菜園なんかして、旦那はサーフィンに、私はイヌを連れて、子どもはアメスクで、送り迎えはハーレーに乗って……なんて妄想していたときもありました。

それ、湘南乃風や。湘南乃風の大ヒット曲「曖歌」や。
でも現実は？

現実は貯金もゼロ。今はまーだー無ー理。

一瞬、ターバン巻いてる人かと思ったわ。
でもな、これ距離と違うか？

え？　あ！！！！　**現実と妄想の距離**ってことですか？

 そういうこっちゃ。この過去形は現実と妄想の距離を表すこともできるねん。ほんで、このことを**仮定法**（巻末の「補講」で解説）なんて言ったりもするねん。

 す、す、すごい！！
過去形だからといって、過去のことを表すわけじゃないんですね。

 これが過去形の真の姿っちゅうこっちゃ。

過去形が「過去以外に」表すことができる2つの意味

① Could you tell me the way to the station?
　　人間関係の距離感 ➡ 丁寧表現

② I wish I had my house by the sea?
　　現実との距離感 ➡ 妄想

 なんか、すごく理解できました。すごいです！　ダイジュ先生！

 気づくの遅いっちゅうねん。
神々しゅうなってきたやろ？
金色のオーラ見えてきたやろ？

そこまで言ってません。

ほんなら過去形と現在完了形の話に戻そか。

「野球しようぜ！」と誘われたけど、「足を怪我したんだ」と英語で断るとき
は？
①　I injured my leg.
②　I have injured my leg.

なんで①よりも②のほうがいいのかって話ですよね。

①は普通に「過去」を表す過去形や。つまりなにとの距離や？

現在ですかね？

そうやな。現在との距離を表す過去形やな。そこから、過去形の表
す過去は「**今は違うよ**」が含まれとるねん。

「今は違うよ」ですか！？

よう考えてみ。過去と現在には距離があるんやで？　だから「**過去は○○だった（今は違うよ）**」って意味が含まれてるってことやねん。ということは「I injured my leg.」が表す意味は？

「過去に怪我をした」、でも「今は違うよ」……そっか、「**今は治ったよ**」ってことなのですね！！！？

そういうこっちゃ。やるやないかーい！　距離形のイメージがつかめたなぁ。ほんなら、大ボスの**現在完了形**を見ていこうか！

まぁ、この問題の答えが②の「I have injured my leg.」ということは「野球できない」ってことなので、「**今も怪我している**」みたいなイメージになるってことですよね？

するどいや〜ん。まるで探偵やな。ほら、眉間に手を当てて「**え〜〜**」って渋めの声で言ってみ。ほら、「え〜〜〜」って。

私、古畑任●郎じゃないので。

え？　古●さんやなかったん？
てっきり古●さんやと思ってたわ。

早く、現在完了形のことを教えてください。

現在完了形って、すごいややこしいとされてるねん。3つの用法が あって覚えることも多いから、結構みんな毛嫌いするんよな。でも な、一撃でこの現在完了形を理解することができるねん。
ずばり現在完了形とは「➡（矢印）」や！！

 「➡（矢印）」！！！？？

 そや。「➡（矢印）」や。「過去→現在」これが現在 完了形のイメージやねん。いろんな例文を使って現在完 了のイメージを攻略していくで。

① I have lived in Osaka for three years.
3年間大阪に住んでいます。

●―――――――――――――――――――――▶
3年前　　　　　　　　　　　今

イメージ 「3年前（過去）➡今」大阪に住んでいる。

② We've been married for five years.
結婚して5年になります。

●―――――――――――――――――――――▶
5年前　　　　　　　　　　　今

イメージ 「5年前（過去）➡今」結婚している。

③ I've just finished lunch.
ちょうどランチを食べ終えた。

●―――――――――――――――――――――▶
食べ始め　　　　　　　　　　今

イメージ 「食べ始め（過去）➡今」食べ終わった。

④ I have been to America three times.
3回アメリカに行ったことがある。

●―――――――――――――――――――――▶
誕生　　　　　　　　　　　今

イメージ 「過去➡今」（通算）3回アメリカに行った。

なるほど！　たしかに全部「**過去→今**」のことを表していますね！

そういうこっちゃ。ほな今回の問題に戻るで！

「野球しようぜ！」と誘われたけど、「足を怪我したんだ」と英語で断るとき
は？

① I injured my leg.　　　　✕

② I have injured my leg.　　○

「（過去に）怪我をした→（今も）怪我している」のニュアンスを伝え
ようと思うと、現在完了形になるんですね！

その通りや！

やっぱり、**どう考えても日本語の和訳で判断したらダ
メ**ですね！　必ずその時制が持つイメージを理解しながら、使い
分けないといけないということが、身に染みてわかりました。

時制を和訳だけで理解しようとすると、必ずどこかでつまずくね
ん。それぞれの時制が持つイメージをきちんと理解したら、ほら簡
単やろ？　最後の**未来表現**にいくで！

○ 過去形・過去分詞形のつくり方

① 基本的にはedをつける。

② 不規則動詞がある。

「最低限これだけは覚える」不規則動詞30個					
原形	読み	過去形	読み	過去分詞形	読み
be (is / am / are)	ビー (イズ / アム / アー)	was / were	ワズ / ワー	been	ビーン
break	ブレイク	broke	ブローク	broken	ブロークン
build	ビルド	built	ビルト	built	ビルト
buy	バイ	bought	ボウト	bought	ボウト
catch	キャッチ	caught	コウト	caught	コウト
come	カム	came	ケイム	come	カム
do / does	ドゥ / ダズ	did	ディド	done	ダン
eat	イート	ate	エイト	eaten	イートゥン
feel	フィール	felt	フェルト	felt	フェルト
find	ファインド	found	ファウンド	found	ファウンド
get	ゲット	got	ゴット	got	ゴット
give	ギブ	gave	ゲイブ	given	ギブン
go	ゴー	went	ウェント	gone	ゴーン
have / has	ハブ / ハズ	had	ハド	had	ハド
hear	ヒアー	heard	ハード	heard	ハード
keep	キープ	kept	ケプト	kept	ケプト
know	ノウ	knew	ニュウ	known	ノウン
leave	リーブ	left	レフト	left	レフト
lose	ルーズ	lost	ロスト	lost	ロスト
make	メイク	made	メイド	made	メイド
put	プット	put	プット	put	プット
read	リード	read	レッド	read	レッド
run	ラン	ran	ラン	run	ラン
say	セイ	said	セッド	said	セッド
see	シー	saw	ソウ	seen	シーン
speak	スピーク	spoke	スポーク	spoken	スポークン
take	テイク	took	トゥック	taken	テイクン
tell	テル	told	トールド	told	トールド
teach	ティーチ	taught	トウト	taught	トウト
write	ライト	wrote	ロウト	written	リィトゥン

未来表現

だいぶ時制がわかってきたみたいなので、
もう大丈夫かもしれません。

なにが大丈夫やねん。まだ**中学英語の時制の最後**が残ってるねん。

ダイジュは仕事終わりに、みっちーと映画に行くことになっています。いきなり、友達のタカタから電話がありました。

Takata：What are you doing tonight？
（タカタ：今夜、なにをしてるの？）

Daiju：I（　　　）go to the movies with Michie.
（ダイジュ：みっちーと映画に行く**つもり**だよ）

① will
② am going to

「つもり」は「will」って習った記憶があるんですけど。

キミはいつになったら学ぶんや。時制は日本語訳で……。

102

考えたらダメ！

そや。絶対に日本語訳で考えたらあかんねん！
今回のテーマは**will と be going to の違い**についてや。

同じじゃないんですか？

厳密には違うねん。
そんでネイティブは、この２つをたくみに使い分けてるねん。

えー、でも中学生のとき「同じ」って習ったような気がします。

ウソやったってことやな。

え!?　ウソ？　そんなのありなんですか？

ええやん。今日ちゃんと違いがわかるようになるんやから。

わかりました。教えてください。

まずそもそも、**未来形ってのはない**んよ。

え？　未来形がない？

そう。たとえばtakeの過去形はtookやろ。
takeの現在完了形はhave takenやろ。未来形は？

will takeじゃないんですか？

じゃあ、be going to takeは？　未来形ではない？

たしかに……。あ！　ほかの時制みたいに「ひとつ、この形になる！」って決まってないってことですか？

その通り。未来形はないけど、**話者がその未来をどう見ているかによって、使い分けないとあかん**ねん。

なるほど。面倒くさいですね。ちなみに、**未来表現**ってどのくらいあるんですか？

いくつかあるんやけど、
まずは **will と be going to の２つ**を押さえよか。

わかりました。この２つを使い分ければいいんですね。

●will
　①主観的な未来予想
　②その場で決めた意志

●be going to
　①客観的な未来予想
　②あらかじめ決まっている予定・計画

ん？　急に難しくなりました。
わたし今後、未来表現は使わずに生きていきます。

それがすでに未来表現や。
未来表現は避けては通られへんで。ここが踏ん張りどころや。

まずはwillの①とbe going toの①から見ていこうか。主観的ってのは文字通り「話者はそう思う」ということや。周りがどうだとか、データがどうだ、とかは関係ないねん。あくまでも「**話者がそう思っている**」ということや。

う〜ん。なんかピンとこないです……。

目の前でどんよりした雨雲がどんどん大きくなっていたらどう思う？

 神秘的だなって思います。

 独特な感性しとるな。ちゃうやろ。
こりゃー、雨が降るぞーって思うよな？

 それはそうですね。

 雨雲を見たら俺だけやなくて、あんたも、あんたの友達の山田さんも「雨が降る」って、そう思うやろ？

 私の友達に山田さんはいません。でもそうですね。

 これが客観ってことや。「**誰がどう見ても**」ってのが客観っちゅうこっちゃ。よう考えてみ。be going to の中にはbe 〜ingの進行形が入っているやろ？　つまり雨に向かって進んでいるってことや。だから、目の前に雨雲が出てきて、雨に向かって進行しとるっちゅうことや。

 なるほど！

でも、雲ひとつない空を見て、「なんか雨が降りそう」って思ったとする。このとき、自分は「雨が降る」って思ってるけど、周りの人は雨が降るとは思ってない。そういうのを**主観**というんや。こういう**主観的な未来予想のときはwillを使う**んや。

will：主観的未来　　　　　← 自分はこう思う！

be going to：客観的未来　　← 誰もがそう思う！

例文で見てみよか。

例文

It will rain tomorrow.
明日雨が降るだろう（そう思うだけ）。

It is going to rain tomorrow.
明日雨が降るだろう（理由があって、そう思っている）。

will と be going to には、もうひとつ意味がありましたよね？

そやな。
そんなことより、この授業終わったら、一杯飲みにでも行かへんか？

あら、大人の特権ですね。行きましょうか!

それがwillや!

えっ?　どういうことですか!?

あんたは今「その場で飲みに行くことを決めた」な?

はい、今、ここで決めました。

それがwillなんよ。will は「その場での意志」やねん。一方の**be going to**はwillの真逆や。「**前から決まっていた予定**」について使う。

なるほど……will と be going to って、全然違うんですね!

そういうこっちゃ。例文で確認や。

例文

Aさん：Are you ready to order ?
　　　　注文はいかがですか？

Bさん：I will have Margherita Pizza.
　　　　マルゲリータにします。← その場での意志

Aさん：Are you free tomorrow ?
　　　　明日、ひま？

Bさん：I'm going to go to concert tomorrow.
　　　　ごめん。明日、コンサートやねん。← 前から決まっていた予定

ほんなら、最初の問題に戻るで。みっちーと映画を仕事終わりに見に行く約束をしたダイジュに、タカタから電話があったんやったな。

ダイジュは仕事終わりに、みっちーと映画に行くことになっています。いきなり、友達のタカタから電話がありました。

Takata：What are you doing tonight ?
（タカタ：今夜、なにをしてるの？）

Daiju：I（　　　）go to the movies with Michie.
（ダイジュ：みっちーと映画に行く**つもり**だよ）

①will
②am going to

あ！ 友達のタカタと話しているときに「みっちーと映画を見に行く」って決めたらwillだけど、この場合は「**前から決まっていた予定**」だから②の **am going to** なんですね！

 さすがやないかー！ すばらしいで〜！

 時制は「日本語」で考えるんじゃなくて「イメージが大事」、というのがすごく理解できました！

時制のイメージのまとめ

○ **現在形のイメージ**

「いっつもの動作」もしくは「今の状態」を表す。

○ **現在進行形のイメージ**

「今まさに」を表す。

○ **過去進行形のイメージ**

「そのときまさに」を表す。

○ **過去形のイメージ**

「時間的な距離」「心理的な距離」「現実と妄想との距離」を表す。

○ **現在完了形のイメージ**

「過去→今」を表す。

○ **未来表現のイメージ**

will ①主観的な未来 ②その場での意志

be going to ①客観的な未来 ②前からの予定

2-2 助動詞は「気持ち」！ 「ロボット英語」ではダメ！

ここからは新しい単元や。**助動詞**を見ていくで。

助動詞ってなんか、すごく覚える量が多かった記憶があります。

そうか？　覚えることが多いのは、全部をただただ覚えようとしているからちゃうか？　時制のときと同じで、日本語訳を覚える勉強をしてたら、覚えることは必然的に増えてまうよな。だから、日本語訳やなくて、**その助動詞が持つイメージをつかむ**ことが大事なんや。

ちなみに助動詞ってなんなんですか？　「動詞を助ける」って書きますよね？　ってことは、なんかピンチヒッターみたいな感じですか？

野球のたとえはやめとけ。ピンチヒッターで伝わっている人、ほぼおらんと思うで。まぁそうやな、**助動詞は「気持ち」**やな。

気持ち？　どういうことですか？

世の中には「事実」と「気持ちがこもったこと」の2つがあるねん。

なんか哲学っぽいですね。

そや。哲学や。たとえばな、この英文の意味わかるか？

I did it.

「私はそれをした」ですかね。

そうやな。この文には助動詞はないやろ？　いわゆる普通の文や。
助動詞のない文章のとき、「気持ち」はないねん。「私はそれをした」
という、ただの事実のみしか語られへん。

なるほど。たしかに事実だけですね。

このほかにも、見てみ。

It is hot in summer.
夏は暑いです。

I have a brother.
兄が1人います。

この2つの英文も、ただの事実やな。でも俺らの会話には「**やるぞ!!**」とか「**やらないと!**」とか「**やるべきやったのに……**」みたいなさまざまな「**気持ち**」があるやろ?

「勉強するぞ!」とか「英語の勉強しないと……」とかってことですよね。たしかに、なにかしらの気持ちがこもっていますね。

そうや。そういう「気持ち」を表したいときに必要なのが、今回勉強する「助動詞」やねん。もしも助動詞のない世界があるとしたら……それこそロボットみたいな会話にならへんか?

ツギノシンゴウミギデス。

そや。カーナビみたいな会話しかないことになるんや。でも俺らの会話の中には、さまざまな感情があるはずなんや。人は感情を言葉で伝えることで他者とコミュニケーションをとったりしていく。つまり助動詞を使いこなさへんようなら、英語の勉強なんかしても意味ないってことなんや。

なるほど。たしかに。
なんかダイジュ先生が偉大な哲学者に見えてきました。

せや。またの名を**アリストダイジュ**っていうんや。よう覚えとき。

はっはっはっ。(真顔)

あんたの顔がロボットなっとるねん！　ほな気を取りなおして助動詞を見ていこか。そもそもやけど、助動詞の使い方を一瞬で復習しとくな。

●助動詞の使い方

①肯定文

主語＋助動詞＋動詞の原形

例：I can speak English.

②否定文

主語＋助動詞＋not＋動詞の原形

例：I cannot speak English.

③疑問文

助動詞＋主語＋動詞の原形〜？

例：Can you speak English？

使い方がわかったところで、この授業で扱う助動詞を紹介しよか。今から全部で5つの助動詞を紹介していきながら、使いこなすためのステップを説明しておくで。

まず各助動詞のイメージを理解することからや。助動詞はそれぞれ「**キャラの濃い人や……**」と思ったらええ。その助動詞のイメージを鮮明に頭に記憶しておいてくれ。んで、そのイメージから派生して、助動詞には大きく2つの意味が生まれる。ここが大事なんや。大事やからもう1回言うぞ。イメージから派生して、助動詞には大きく**2つの意味**が生まれるんや。

２つの意味？

そうや。ひとつが**アクション系**の意味、そしてもうひとつが**判断系**の意味や。大きくこの２つの意味があるねん。この２つの意味をとらえていくことが、助動詞を攻略するための第一歩になるわけや。

なるほど。イメージをつかんで、そこから２つの意味を覚える、ってことですね？

醤油（しょうゆ）うこと！

ふるっ！

ここからはイメージしやすいように、俺が**司会**をするから、ちゃんと見ておくんやで？

司会！？　なんの話ですか？

ちょっと待っててや。タキシード着てくるから。

タキシード!?　意味がわかりません。早く授業やってくださいよ！

（5分後……）

must さん

Ladies and Gentlemen!! Boys and girls!!　さぁ、やってまいりました、本日のメインイベント！　**「その助動詞、誰だろな？」**のコーナーでございます。それでは、さっそく始めていきたいと思います。エントリーナンバー１！「**must**」さんです！！！　どうぞ！

どうも、must さん。今回はお越しいただきありがとうございます。

あ～～～～ん!?
なんでわしが一番最初なんだ？　大トリじゃないのか!?

……すっごい**プレッシャー**ですね～。さすがは must さんです。**圧力**がすごいです。ちなみに must さん、アクション系の意味はなんなんですか？

「しなければならない」に決まってるだろ？　そんなことも**言わなければいけない**のか？　キミはもっと**勉強しなければいけない**ね。

ははは……。不勉強で申し訳ありません。それにしても must さん、すごい**プレッシャー**ですねー。must さん、最後にもうひとつ質問よろしいでしょうか？　判断系にはどんな意味があるんでしょうか？

キミは本当に不勉強に**違いない**ね。そんなことを聞いてくるんだから**間違いない**。そう考える以外に選択肢がないね。キミは不勉強に**違いない**。

会話の中に組み込んでくださるとは、さすがは must さん。「**違いない**」が判断系の意味なのですね。それでは1人目、must さんでしたー！　ありがとうございましたー！

ダイジュ先生、must さんにびびってませんでした？

誰がびびってるやねん。
全然びびびびびびびってないっちゅうねん……。

声震えてるじゃないですか。それにしても must さん、すごい圧力とプレッシャーでしたね。キャラの濃さにびっくりしました。

そうやねん。must さんはほんまにプレッシャーがすごいんよ。そのプレッシャーから派生した意味が、下のこれ。

①「〜しなければならない」（アクション系）
②「〜に違いない」（判断系）

例文も確認しとこか。

＜アクション系＞

I must go home at five.
5時に家に帰らなければならない。

＜判断系＞

He must be tired.
彼は疲れているに違いない。

 なるほど。この must に関して、なにか注意点とかないんですか？

 おいおい。**呼び捨てにすな。must さんや**。注意点はひとつある。**must not で否定文になったら「禁止」**を表すんや。

You must not speak Japanese in class.
授業中、日本語を話してはいけない。

 禁止もプレッシャーを感じますね～。must さんのキャラがわかりやすすぎて、意味がすっと入ってきました。**茶番劇**ありがとうございました。

 なにが茶番劇やねん。まだまだこのショーは続くで。

will さん

お待たせいたしました〜！　「**その助動詞、誰だろな？**」の
コーナーでございます！　それではエントリーナンバー2！！　**will**
さんどうぞ！！

どうも、皆さん、こんにちはー！！　will と申します！！

お、will さん好青年ですねー。それでは自己紹介をお願いします。

私は、この世の中から戦争や貧困を、**必ずや**なくします！！！

すごいですねー。will さんからは**強い意志**を感じますねー。
ほかになにか言っておきたいことはありませんか？

私がこの国のトップになれば、人々から笑顔があふれる、そんな明
るい未来に**なります！**

未来を鮮明に見通す力がすごいですね。will さんには、ぜひ
ともこの国のトップになっていただきたいものですね。それでは
will さん、ありがとうございましたー！

will さん、むちゃくちゃハンサムで、**すごく意志**のある方でしたね。少し惚れそうになりました。

せやろ？　俺も will さんは好きやねん。まっすぐなんよな。そんな will さんのイメージは「**意志**」や。だから①「**〜するぞ／〜するよ**」（アクション系の意味）と「**絶対に〜だ（ろう）**」（判断系の意味）になるんよな。英文で確認しとこか。

＜アクション系＞

I will study English this evening.
今晩、英語を勉強する**ぞ**！

＜判断系＞

He will be a professional soccer player.
彼はプロサッカー選手になる**だろうね**。

強い意志を感じますね。

そうやな。日常でもよく使うやろ？
「ダイエットするぞ！」「貯金するぞ！」といった類のやつや。

私も英語を勉強するぞ！！！

ええやん。まっすぐな目をしてるわ。
ほんなら次の助動詞を紹介するな。

まだ、やるんですか？

やるに決まってるやろ？
ここでやめたら、ほかの助動詞さんからクレーム殺到やぞ。

そんなことはないと思うんですけど……。

should さん

お待たせいたしました〜。続いての「**その助動詞、誰だろな？**」はエントリーナンバー3！　**should**さんです！！！

初めまして。私、shouldと申します。
少し緊張していますが、よろしくお願いいたします。

どうも、shouldさん。shouldさんは学級委員なんですよね？

ずばり、わたくしは学級委員でございます。
ひとつ、司会のダイジュ先生に忠告がございます。

え？　忠告ですか？

ダイジュ先生は、司会者としての立ち居振る舞いをもっと研究する**べきです**。それは司会者として**当然のことでございます**。このショーがいまいち盛り上がりに欠けるのは、あなたの立ち居振る舞いに問題がある**はずです**。もっと自分を見つめなおす**べきです**。

なんやこい……。い、いえ、ご忠告ありがとうございます。これからは司会者としての自覚を持って、立ち居振る舞いを見なおしていきたいと思います。shouldさん、ありがとうございました！

shouldさん、とんでもない堅物でしたね。

shouldさんのイメージは「**当然**」や。「**当然〜するべきでしょ**」「普通に考えたら〜はずだよね」みたいな感じやな。いかにも優等生や。例文を見てみよか。

＜アクション系＞

You should get up early in the morning.
朝は早く起きる**べきだ**。

＜判断系＞

I should arrive there in an hour.
1時間後にそこに着くはずです。

shouldもすごく理解できました。
ちなみになんですが、shouldはshallの過去形みたいに習った記憶があるんですが、合っていますか？

おお、よう知ってるやん。should はたしかに shall の過去形やねん。ただな、まったくの別ものやと思ったほうが頭の中がすっきりするかもしれん。ちょっとだけ脱線して、shall の意味も軽く見ておこか。もちろん、shall もいろいろな使われ方するんやけど、21世紀の英語ではあまり使われへんねん。ちょっと古いんよな。だから、法律の条文とかで使われるような堅苦しい感じやねん。んで、21世紀の英語で覚えておくべきは、次の2つの使われ方や。

Shall I open the door？
ドアを（私が）開けましょうか？

Shall we dance？
（一緒に）踊りましょうか？

Shall I と Shall we の2つだけでいいんですね。Shall we dance？は映画のタイトルにもなっていたので、なんとなくわかります。

そうそう。映画のタイトルになっとるな。この2つは会話とかでもよう出てくるから覚えておいてな。ほんなら、次の助動詞の紹介や。

（まだやるのか……まぁダイジュ先生楽しそうだし、付き合ってやるか……）

can さん

お待たせいたしました〜。「**その助動詞、誰だろな?**」も、残すところあと2人となりました。では、エントリーナンバー4!**can**さんです!!!

みなさ〜〜〜ん! こ〜〜んに〜〜ちは〜〜!! 可能性は無限大! どうも、canで〜す!

canさん、元気はつらつですね!

だって、人はいつだって変わることが**できるんです**!**可能性**に満ちあふれているんです!

いや〜、とんでもないパワーに満ちあふれてますね!

そりゃそうですよ。努力すればどんなこともかなえる**ことができる**、なんてことも**ありえる**んです。人生は**可能性**ですよー!

なんかこっちが疲れて……いえ、パワーをいただきました。ありがとうございます! canさんでした〜!

なんか、canさん、やたらハイテンションでしたね……。

canの持つ気持ちは「**可能性**」。そこから「**〜できる**」という意味と、可能性を表す「**あり得る**」という意味の2つが生まれるねん。そんでcanはその2つとは別に「**許可（〜してもよい）**」の意味もあるから、この3つの意味を押さえておこか。例文を見るで。

＜アクション系＞

She can speak Japanese.

彼女は日本語を話すことができる。

＜判断系＞

Even teachers can make mistakes.

先生でも間違うことはある。

＜許可＞

Can I use your pen ?

ペンを借りてもいい？

なんか、ちゃんとした説明を受けたあとだと、すごく英文がしっかりと頭に入ってきますね。なにかcanについて補足説明はありますか？

canは否定文のときが注意や。「できる」のときの否定文はもちろん「できない」になるねん。これは簡単や。ほんで「あり得る」のときの否定文は「あり得ない」という意味になる。これもわかるよな？

125

はい。わかります。簡単ですね。なにが注意なんですか？

 話はこっからや。確信度0％の「あり得ない」の反対は確信度100％の「違いない」になるよな。つまり「違いない」（＝ must）の反対は「はずがない」（＝ cannot）になるってことやねん。

0%　　　確信度　　　100%

cannot　　　　　　　　　　　　　　must

はずがない　　　　　　　　　　　　違いない

✕ must not

してはいけない

 なるほど。must not は「〜してはいけない」って意味になりましたもんね。これは注意が必要ですね。

 ほんなら最後いっとくか。これでこの司会をするのも最後になるんか。ちょっとさびしいなぁ。

 （さびしいと思っているのは、きっとダイジュ先生だけだろうなぁ）

may さん

それでは、「**その助動詞、誰だろな？**」も、とうとう最後になりました。最後を飾っていただくのはこの方、**may** さんです！どうぞ〜!!

あ、ども。may です。

自己紹介をお願いしてもいいですか？

自己紹介を**してもいい**ですし、別に**しなくてもいい**ですよ。あ、上から目線になってます？　だとしたらごめんなさいね。僕の話を聞いて**くれてもいい**ですし、聞か**なくてもいい**です。話を聞いたら、退屈に思う**かもしれません**し、思わない**かもしれません**。

may さんは、なかなか**優柔不断**な方ですね〜。
しかも上から目線とは……。

優柔不断**かもしれません**し、優柔不断ではない**かもしれません**。

may さんの意味を教えてもらってもいいですか？

私の意味は「**かもしれない**」かもしれませんし、そうではない**かもしれません**。

いやー、**どこまでも優柔不断**ですねー。ちなみにもうひとつの意味も教えていただけると……

もうひとつの意味を言っ**てもいいです**し、言わなく**てもいい**です。

そこをなんとか言ってください！

「**してもよい**」**かもしれません**し、そうではない**かもしれません**。

ありがとうございます。それでは上から目線で優柔不断なmayさんに盛大な拍手を〜！！

なんだかmayさんを見てて、腹が立ちました！！
なんですか、あの上から目線で優柔不断な感じは。

仕方ないんや。mayさんのイメージは50％なんや。
すべてが半々やねん。

50％？　あんまりしっくりきません。どういうことですか？

例文を見てみよか。

<アクション系>

May I ask you a question?
質問してもいいでしょうか?

<判断系>

We may go swimming in the sea this summer.
この夏、泳ぎに行くかもしれない。

どこが50%なんですか?

まずは「許可」の英文から見ていこか。canのときも「許可」があったやんか。canの許可はフランクな関係のときに使うんや。「ペン、借りてもいい?」みたいな。せやけど、mayは上下関係がはっきりしている状態での「許可」を表す。「質問してもいいでしょうか?(もし無理ならいいです)」という感じや。フランクな関係のときは、なんのちゅうちょもなく聞くことができるけど、上下関係のはっきりした上司に許可を求める場合は、「もし無理ならいいんですけど……」というニュアンスが含まれるやないか。「許可をもらえる」or「許可をもらえない」が半々、つまり確率が50%である、という感じをmayは持っているんや。

なるほど。たしかに50%の感じですね。ということは、友人同士のときはcanで許可を表して、上下関係のあるときはmayを使えばいいということですね。判断系の意味はどういう感じですか?

普段、「〜かも」って使っとる？

食事に誘われたら「**行けたら
行くかも**」なんて言いますね。

もし
ムリなら
いいんです
けど…

上からの
許可

よし
いいだ
ろう

そのときの実現可能性は、何％くらいや？

うーん、**20％くらい**です。

そうなんや。ちなみに大阪人の「行けたら行くかも」は限りなく0％
やで。豆知識な。逆に体調がめちゃくちゃ悪うなってきて、寒気も
してきた。そのときの「風邪ひいたかも」って、風邪の確率何％く
らいや？

それは限りなく100％に近いんじゃないですか？
だって寒気までしてきたら、結構、危ない状態ですよね。

そうなんや。つまりなにが言いたいかっちゅうと、日本語の「かも」
の守備範囲はめっちゃ広いってことや。全盛期の中日ドラゴンズ
にいた荒木・井端コンビ※くらい守備範囲が広いんや。

※2004年から2009年まで、6シーズン連続でゴールデングラブ賞を受賞。

あのときの二遊間は、たしかに最強でしたよね。

逆に英語のmayは50％くらいなんや。日本語の「かも」と比べて、守備範囲がそこまで広くないのが特徴やな。

ということは、「この夏泳ぎに行くかも」は「行くかもしれない」し、「行かないかもしれない」ってことですね？

その通り。
これで**may**が持つ「**50％の感覚**」も**完璧**や。

ほかに、mayに関して注意することはありますか？

may は否定形に注意や。
mayの否定形はmay notで、must notと同様「**禁止**」を表す。

may notの禁止とmust notの禁止に違いはあるんですか？

もちろんある。mayの許可は「**上下関係**」がはっきりしているということやったな。ということは、その否定形であるmay notの「禁止」にも「上下関係」の意味が込められとる。たとえば、「校則として禁止されていること」や「自治体として禁止していること」などを表したいときは、may notの禁止を使うんや。

●may not の例

Students **may not** use this room.
学生はこの部屋を使って**はいけません。**

すごくわかりやすかったです。

これで**助動詞の気持ち**が理解できました！

これが基本的な助動詞の使い方だから、しっかり覚えてや！

●助動詞のイメージのまとめ

	気持ち	アクション系	判断系
must	プレッシャー	義務　しなければならない You must do it. 「あなたはそれを しなければならない」	強い推量　違いない He must be doctor. 「彼は医者に違いない」
will	意志	強い意志　するぞ I will marry him. 「私は彼と結婚するわ」	推量　だろう It will be fine tomorrow. 「明日は晴れるだろう」
should	当然	当然　するべき You should be quiet in class. 「授業中は静かにするべき」	少し強い推量　はずだ She should be home now. 「彼女は家にいるはずだ」
can	可能性	可能　できる / 許可　してもよい We can do it. 「私たちはできる」 Can I use your phone? 「電話を借りてもいい？」	少し弱い推量　あり得る Anybody can make mistakes. 「誰でもミスはあり得る」
may	50%	許可　してもよい You may use this room. 「この部屋を使ってもよい」	50%くらいの推量　かもしれない That may be true. 「それは本当かもしれない」

2-3 受動態を知らないと「友達を裏切る」ことになる！

ここからは**受動態**を見ていくで。
これで動詞に関する単元はラストや。受動態って覚えてるか？

いえ、ほとんど覚えていません。受け身で「〜れる・られる」みたいな意味になるやつでしたっけ？

うっすら記憶に残っている感じやな。でもな、今までと同じように「〜れる・られる」の和訳を覚える勉強では、どこかで限界がくるねん。大事なことは、**ネイティブが、どんなときに受動態を使っているか**っていうイメージや。

がんばります！

まずは、受動態の基本を整理しとくで。
ここは機械的な作業やから、なんも難しくないぞ。

機械的なんですね！　だったらできるかも！

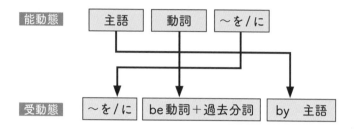

| 能動態 | 主語 | 動詞 | 〜を/に |

| 受動態 | 〜を/に | be動詞+過去分詞 | by　主語 |

まず、そもそもやけど、無限に存在する英文は、大きく「**能動態**」と「**受動態**」の2つに分けられる。今までやってきた普通の文章のことを能動態と言うねん。

ノウドウタイ？

そや。能動態や。まぁ難しいことは考えんでいい。「『〜する』の文のことを、能動態って言うんだなぁ」くらいでええわ。
その能動態を変形させたものが受動態やねん。変形の仕方は上の図の通りや。

① 能動態の動詞を「be動詞+過去分詞」にする。
② 能動態の「〜を/〜に」の部分を、主語の位置に移動させる。
③ 能動態の主語を「by〜」の形にして、後ろにくっつける。

③は省略が可能や。実際、7割くらいの受動態の文は、by以下が省略されると考えてくれてOKやで。

すごく機械的ですねー。少し練習したいです。

問題

次の文を受動態にしなさい。

① Many people speak English.

② She wrote this book.

③ He made this cake.

解答・1回目

① English is spoken by many people.

② This book is written by her.

③ This cake is made by him.

こんな感じですか？

やるやんけ～！　基本はバッチリやな。ただな、少しだけ注意が必要や。**be動詞の時制には要注意**や。元の文を見てや。①はspeakで現在形やから、受動態にしたときも現在形のbe動詞isでOKや。一方で……。

あ～～～!!　②はwrote、③はmadeで過去形になってるから、受動態のbe動詞は過去形になるんですね！

解答・2回目

① English is spoken by many people.

② This book was written by her.

③ This cake was made by him.

お!!　完全に英語力、上がってきてるやん。ええこっちゃ。
ほんなら次は、できあがった英文を日本語にしてみよか。

受動態は受け身なので「～れる・られる」だったような。

①は「英語は多くの人に話される」
②は「この本は彼女によって書かれた」
③は「このケーキは彼によってつくられた」
　ですかね？

お、受動態は「～れる・られる」にのっとって訳せてるやん。

でもダイジュ先生！　なんかキモいです！

誰がキモいねん！

あ。違います。受動態の日本語です。普段、「このケーキは彼につくられた」とか絶対に言わないでしょ！

おぉ、ええところに気がついたな。これが、学校で習ってきた受動態の落とし穴や。受動態は「～れる・られる」とは限らんねん。「～れる・られる」の「呪い」から脱却せなあかんねん。

ダイジュ先生！　もうひとつ気になることがあるんです。能動態と受動態って、書き換えができるってことですよね？　だったら、**そもそもなんで受動態が必要なんですか？**　同じ意味なら能動態だけでいいじゃないですか？

どうした、どうした。すごいやんけ。その通りやねん。一般的に中学校では「能動態と受動態は書き換え可能」ってことを強調して習うから、どういうときに受動態を使うのかが、あいまいなままやねん。

つまり、**真の受動態を私はまだ知らない**ってことですね？

その通りや。ほんならここから**受動態の真の意味**を話していくで。その意味は2つ！

●ネイティブが受動態を使うとき
①焦点をずらしたいとき
②誰がやったかわからないとき、言う必要がないとき

焦点をずらしたい？？

そや。要は**主役は誰**？　ってことなんや。
たとえば、次のような状況のとき、どっちを言う？

＜①と②のどっちが自然？＞
「俺が通っていた大学の友達に『森くん』ってやつがおってん。こいつ、全然モテへんねん。バスケはむっちゃうまいんやけど、なんかモテへんねんな。そんな森くんがやな、いきなりサークルのマネージャーとええ感じになってやな、ほんでついに……」
① 森くんがマネージャーに告白されたんや。（受動態）
② マネージャーが森くんに告白したんや。（能動態）

これは①の主語が「森くんが〜」の文のほうですね。

そうやな。**主語が「森くんが〜」のほうがええ**わな。別に②も間違っとることはないけど、感覚的に①のほうがいいのはわかるやろ？

そうですね。ダイジュ先生の同級生の話なんですから、「森くん」が主語のほうが自然です。

そういうことなんや。でもな、次はどうなる？

> 「この森くんに告白したマネージャーってのが、実はとんでもないヤンキーでな、地元でも超有名やってん。森くんはそのことを知らんかったし、マネージャーも必死にそのことを隠してたんやけど、隠してる自分が嫌になって……」
> ① マネージャーは森くんに真実を伝えた。（能動態）
> ② 森くんはマネージャーに真実を伝えられた。（受動態）
> さぁ、どっちがしっくりくる？

これは①ですね。**マネージャーが主語のほうが、しっくりきます。**

そうよな。ま、なにが言いたいかっちゅうと、話したい内容や、なにに焦点を当てたいかによって、能動態と受動態を変幻自在に使い分けるということや。日本語でも自然とやっていることを、英語でもやればええって話やな。

たしかに日本語では、ごく自然にやってますね。

 そや。「する側」と「される側」のどちらに焦点が当たっているかによって、能動態と受動態を使い分けるんや。「する側」に焦点が当たっているなら能動態、「される側」に焦点が当たっているときは受動態。**これだけなんや**。能動態と受動態を使い分けることで、伝えたい内容の主役を、たくみに変えることができるっちゅうこっちゃ。

 なるほど。全然知りませんでした。

 次は②の「誰がやったかわからないとき、言う必要がないとき」に受動態を使うってやつを見ていこうか。

 んー、わかるような、わからないような。

 たとえば、次の場面でどっちを使う？　あんたが学生のときを想像してくれ。何億年も前の話やから思い出さへんかもしらんけど、がんばってくれ。**教室の窓を、目の前にいる友達のBobくんが割ってしまった**としよか。その音を聞きつけて、先生が教室に入ってきた。そこで先生はあんたに「**どうした？**」と聞いてきた。このとき、どう答える？　選択肢は2つや。

●選択肢
①Bobくんが窓を割りました。
②窓が割れました。

えっ、そりゃあ……、友達なんだし、「Bobくんが窓を割りました」って言うのは、少し気まずいですよね。

そうよな。あんたが「Bobくんが窓を割りました」って言うてるときのBobくんの顔は、さぞ、おぞましいやろうなぁ。でも、あんたが能動態しか知らなかったら、①でしか伝えられへんねん。

「Bob broke the window.」……こうならざるを得ません。

そうやな。これだと第一声で、あんたが「犯人はBobだ」とちくったことになる。**薄情にもほどがある**。Bobくんとの関係は、金輪際お察しや。

一生、Bobくんに恨まれて生きていくことになりますね。

せやな。でも②の「窓が割れました」やったらどや?

Bobくんをさりげなくかばいつつ、先生に嘘をつくこともなく、目の前の事実を先生に伝えられますね。

せや。つまりこの場合やと、**主語を隠したい**わけやな。
そんなときに便利なのが受動態や。
Bob broke the window. を受動態にしてみ。

The window was broken ……．

そこでストップや。by 以下は基本的には省略やからな。こうする
ことでどや？　**誰が窓を割ったのかを隠せる**やろ？

ほんとだ！　すごい！　**これならBobくんとこれか
らも友達でいられそうです**。

これが受動態や。Bobくんとはこれからも仲良くな。

ダイジュ先生！　もしも「by Bob」を後ろにくっつけたら、どんな
ニュアンスになるんですか？

お、ええ質問や。byまで言うてしまう場合はこんな感じや。

「窓が割れたんです……。誰がやったかと言うと……（ダラララ）
ボブでーす!!!（ジャーン！）」

……これはひどいですね。

そや、かなり強調したニュアンスになるな。もしもあんたがBobくんのことが嫌いで憎くて仕方ない、そんなときには「**by Bob!!!**」と言うたったらええ。

なるほど〜。おもしろいですね〜。**ダイジュ先生のときはそうしますね**。能動態と受動態って、ただただ機械的に配置を変えるだけかと思ったら、こんな違いがあるなんて。

ん、なんか今おかしなこと言わんかったか？　まぁ、ええわ。もういっちょ、違う例も見てみよか。たとえば、財布に入っていたはずの3万円がなくなっている。誰が盗んだ？

ダイジュ先生じゃないんですか？

誰がコソ泥やねん！

誰が盗んだかは、わかりませんね。

そうやな。さっきとは違って、誰かわからへん。こんなときにも受動態は便利やねん。「30,000 yen was stolen.」とすることで、誰が盗んだかわからなくても表現できるよな。

すごい!!　なんか受動態と能動態はどんなときでも書き換えが可能って習いましたけど、ちゃんと「こういうときには受動態を使うと便利だよ」っていうのがあるんですね。すごく勉強になりました。

否定文と疑問文のつくり方

 ダイジュ先生。そういえば、否定文とか疑問文のつくり方ってどうするんでしたっけ？　なんかいろんなルールがあってややこしかった記憶があるんですよね。

 たしかにいろんなつくり方があるよな。一応、今後のために整理しとこか。ルールはめっちゃシンプルやで。疑問文と否定文のつくり方は今後にも関わってくるから、しっかりとできるようにしておいてや。

	否定文	疑問文
be 動詞のとき	be 動詞の後ろに not	主語と be 動詞を逆に
一般動詞のとき	一般動詞の前に don't / doesn't / didn't	Do ＋主語〜？ Does ＋主語〜？ Did ＋主語〜？
助動詞のとき	助動詞の後ろに not	助動詞＋主語〜？

例① You are a good teacher.

否定文：You are not a good teacher.

疑問文：Are you a good teacher？

例② He spoke Japanese.

否定文：He didn't speak Japanese.

疑問文：Did he speak Japanese？

例③ She can drive a car.

否定文：She cannot drive a car.

疑問文：Can she drive a car？

可算・不可算は「バッキバキにできるかな」、スポットライトの「the」と適当な「a」、代名詞は「便利くん」

テストで「名詞」につく「a」とか「the」とかの「冠詞」を書き忘れて減点された経験、あらへんか？「a」とか「the」は日本人からすると「おまけ」感が強いけど、大きく意味が変わるような「大事な働き」があるんや。ここでは、なんともつかみどころのない「名詞」の最重要ポイントを爆速で解説するで！

3-1　1脚、2本、3頭、4匹、5個、6束、7膳、8枚、9杯、10区……英語にすると？

名詞の世界にようこそ！　さっそくやけど次の問題を考えてみて！

Q 「私はイヌが好きです」を英語にしてみ。

① I like a dog.
② I like dog.
③ I like dogs.
④ I like the dog.

うわー。一番嫌いと言っても過言ではないやつです。難しー。「イヌが好き」すら言えないなんて……。なんか情けなくなってきました。**ていうか、どれでもいいじゃん**、って思ってしまいます。

たしかに、文法が頭に入っていないと「どれでもええやん」ってなるよな。ほんのちょっとした差しかないしな。でもな、実はこれ、全然表している意味が違うんよ。

aとか**the**があるかないかで、そんなに意味が違うんですか？

そや。これをばっちり使いこなすために、順を追って説明していくから、しっかりとついてくるんやで。

名詞についてまず押さえないといけないのは、
可算名詞と**不可算名詞**の考え方や。

カサンメイシ？　フカサンメイシ？

可算名詞ってのは**数えられるもの**で、
不可算名詞が**数えられないもの**ってことや。

あ、やった記憶があります。でも、私、当時からずっと疑問に思っ
てたんです。**数えられないものなんて、ない**んじゃないで
すか？

おぉぉぉ！！！！　すごいやん！　英語の才能あるで。せやねん。
俺ら日本人には、なんでも数えられる大発明があるねん。

大発明！？

そうや。エジソンもびっくりの
大発明や。

それってなんですか？

単位や。

 はっ？　単位？　なんで単位が大発明なんですか？

 日本語にはこの単位があるおかげで、なんでもかんでも数えられるねん。ほら、いろんな単位があるでー。

1脚、2本、3頭、4匹、5個、6束、7膳、8枚、9杯、10区……

ほ〜ら、たくさんあるやろ。日本語にはたくさんの単位があるおかげで、どんなものでも数えることができるねん。一方の英語はどやろ？

I have a pen.
私は1**本**のペンを持っている。

There are two chairs in the room.
2**脚**の椅子がその部屋にはある。

I ate three eggs.
3**個**の卵を食べた。

 日本語には単位があるのに、英語には単位がない！

 そうや。これまで語順の仕組みが「日本語と英語では違うで〜」って言うてきたけど、この「数える・数えない」の考え方にも大きな違いがあるんや。

その違いを認識することから、始まるんでしたよね。

そういうこっちゃ。日本語のルールを英語に当てはめようとすること自体に無理があるんやな。だからこそ、英語ならではのルールをしっかりと意識していくで。英語には、単位がない代わりに「数えられるもの」と「数えられないもの」の区別が生まれたんや。この区別を理解することが、英語の名詞を理解する第一歩や。

○日本語：単位があるのでなんでも数える。
○英語：単位がないので、数えられるものと数えられないものに分かれる。

なるほど。そういうことなんですね。じゃあ、どういうものが数えられて、どういうものが数えられないんですか？

数えられると数えられないの大きな区別の仕方は、
バッキバキにしてもOKかバッキバキにしたらNGかの違いや。

バッキバキってなんですか？

たとえば、ここに本がある。この本を……。

あ〜〜〜！　なにやってるんですか!?
せっかくの本がバラバラじゃないですか……。

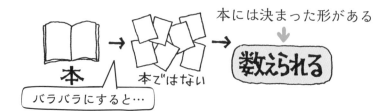

本 → バラバラにすると… 本ではない → 本には決まった形がある 数えられる

ほれ、これは本か？

もう、**本じゃありませんよ**……。

つまり、本はバッキバキ……？

NG。

そういうこっちゃ。バッキバキにしたときに「もはや違うものじゃん」ってなるものは数えられるねん。これを言い換えるなら、**決まった形がある**んだぜってことやな。

……もう少し例をください。

ほんなら、ここに紙がある。この紙を〜。

あ〜もったいない。ビリビリじゃないですか。

ほい。このビリビリの破片はなんや？

紙です。

そやろ？　本はバッキバキにしたら、もはや本ではないねん。
でも、紙はバッキバキにしても紙や。つまりバッキバキ……？

OKってことですか？

そういうこっちゃ。バッキバキOKなものは数えられへんねん。
言い換えると、どんな形でも紙は紙やから、**決まった形がな
い**ってことや。

バッキバキにしたらNG＝決まった形がある→数えられる
バッキバキにしてもOK＝決まった形がない→数えられない
こういうことですか？

おお。
そういうこっちゃ。

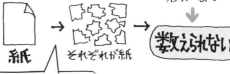

紙には決まった
形がない
↓
数えられない

バッキバキにしても…

もう少し例をください。

ほんなら問題や。次のものは数えられるか？　数えられへんか？

① cat（ネコ）

② car（車）

③ happiness（幸せ）

④ water（水）

「cat（ネコ）」は決まった形があるので、バッキバキにしたら死んでしまうから数えられます。

大正解。「car（車）」は？

もちろん決まった形があって、バッキバキにしたらスクラップになってしまうから数えられる。

大正解。それでは「happiness（幸せ）」は？

それは黄色いハンカチのことですか？

いや、それは『幸せの黄色いハンカチ』や。

154

「happiness（幸せ）」は決まった形がないですね。
ということは**数えられない**ってことですか？

その通り！！　「water（水）」はどや？

水は、はっきりとした形がありますよね。
ほら、このペットボトルを見てください。

なるほど。ほんなら、その水をテーブルにこぼしてみ。

あとで掃除してくださいね。

はよ、こぼして。

こぼしました。

ペットボトルに入っているときはペットボトルの形をしていた水
が、今はどうや？　テーブルの上で「ビローン」ってなっとるねん。
これって、はっきりと決まった形なんか？

いえ、違いますね。はっきりした決まった形が水にはありません。
バッキバキにしても水は水ですしね。

ということは？

 数えられない。

 その通り。このように「はっきりとした決まった形がある」か「ない」かで、数えられる名詞か、数えられない名詞かを区別する。これがネイティブスピーカーの頭の中や。下に、数えられない名詞の一例を載せておくで。

●数えられない名詞の代表例

①液体系

milk（牛乳）　water（水）　juice（ジュース）　tea（お茶）
coffee（コーヒー）

②粉状のもの

sand（砂）　salt（塩）　sugar（砂糖）　rice（米）

③切ってもOKなもの

bread（パン）　paper（紙）　cheese（チーズ）

④概念系

information（情報）　advise（アドバイス）　news（ニュース）
work（仕事）

⑤スポーツ

soccer（サッカー）　baseball（野球）　tennis（テニス）

⑥まとめたもの

　furniture（家具）　baggage（手荷物）　money（お金）

「はっきりとした決まった形がなければ数えられない」ことがわかりましたけど、⑥の「まとめたもの」ってのがあんまりピンときません。だってfurniture（家具）って数えられますよね？　ほら、タンスにテーブルに、イスに……あとお金（money）も絶対に数えられますよね？

ええところに気がついたな。たしかに家具って数えられそうよな。でも、今、あんたが数えていたものって**ほんまに家具か？**　今数えてたのは家具じゃなくて、タンス、テーブル、イスちゃうか？　タンスやテーブルはそれぞれ数えられるけど、それらをまとめた家具（furniture）には決まった形がないんちゃうんか。お金も同じや。紙幣（bill）と貨幣（coin）は、それぞれ数えられる。せやけど、それらをまとめたお金（money）は数えることができへんねん。

なるほど。たしかに、イスははっきりとした決まった形があるけど、「家具」って言われると、なにを指しているのかあいまいだから形がないのかー。納得しました。

もちろん、名詞の世界はとんでもなく奥深いんや。今、話したのはほんの入り口にすぎへん。せやけど、英語の学びなおしをする上ではこの区別の仕方で十分や。この先、英語を深く学んでいく中で、いろんなルールを追加で覚えていけば大丈夫やで。

今、教えてもらったことだけは、絶対に使えるようにします！

ここまでくれば、あとは簡単や。数えられる名詞と数えられない名詞は次のように使うで。

	a（an）	複数形の s
数えられる名詞	○	○
数えられない名詞	×	×

［数えられる名詞］

○ I have a pen.［a をつけて OK］

○ I have two cats.［複数形の s をつけて OK］

［数えられない名詞］

× I have a water.［a をつけちゃダメ］

× I have waters.［複数形の s をつけちゃダメ］

むちゃくちゃシンプルなルールですね！　これならいけそうです！　ダイジュ先生、質問いいですか？　水って数えられないのはわかったんです。でも1杯の水とか、2杯の水って、どうしたって言わざるを得ないシーンがあると思うんです。そのときはどうすればいいんですか？

なんか、どんどん鋭くなってきてるなー。内角低めに突き刺さるスライダーみたいやな。もちろん水は数えることができへん。でも水が入っている器は数えられるんとちゃうか？

グラスを数えるってことですか？

その通りや！
下のようになるで。

a glass of water

two glasses of water

three glasses of water ……

a cup of tea

two cups of tea

three cups of tea ……

なるほどですね。数えられない名詞の場合は、**その器を数えればいい**ってことですね。

数えられる名詞と数えられない名詞は、理解できたんか？

はい。いけそうです！

じゃあ、次は**冠詞**の世界に行くで。

スポットライトの「the」、
適当な「a」

ここからは**冠詞**の世界や。冠詞は大きく分けて**a**と**the**があるねん。それぞれの違いは知ってるか？

aが「ひとつ」で、theが「その」って習いました。でも、ダイジュ先生、私、思うんです。aとかtheとかって「オマケ」ですよね？　こんな短い英単語があろうがなかろうが、大きな問題あります？

ほう……。オマケな。言うたな？　オマケって言うたな？

だだだだダイジュ先生、怖いです……。

オマケじゃないってことをわからせたるわーーーー !!!

「the」はスポットライト

Q 次の図（ドアが4つある部屋）のような状況で、
「ドアを開けて」を英語にすると？

「Open the door.」に決まってるじゃないですか。中1で習いましたよ。

 なるほどな。じゃあ、**どのドアを開けるねん？**
Aか？　Bか？　Cか？　Dか？　**そのドア**ってどれや？

 ぐぬぬ。

 もしも、この状況で「Open the door.」と言われると
「**ん？　どのドア？**」となってしまわへんか？

 たしかに。じゃあ、私が習った「Open the door.」ってなんなんで
すか？　theってなんなんですか？

 theの意味は「**ひとつにスポットライトを当てる**」や。

 ひとつにスポットライト？
アカデミー賞とかで受賞者を照らすあれですか？

そうや。まさしくそれがtheの感覚や。たくさんあるものの中から「**ばっち～～ん**」とひとつにスポットライトが当たるこの感覚こそが **the** なんやな。

わかるような、
わからないような……。

4つのドアがあるときに「Open the door.」と言われても、どのドアを開けるのかひとつに決まってるか？　人によってはAのドアかもしらんし、Bのドアかもしれない。そう、「このドア」というふうにひとつに決まってないよな。なので、この状況ではtheは使われへんってことや。

ってことは、4つのドアのうち3つがすでに開いている状況だと、開けるドアがひとつに「ばっち～～ん」と決まるので「Open the door.」でいいってことですか？

「ばっち～～ん」の使い方、完璧やん。そういうこっちゃ。
もう少し、いろんな例文でtheの感覚を研ぎ澄ましていこか。

○theはひとつにスポットライトを当てる

①the sun：太陽（そもそもひとつしかない＝世界にひとつだけのthe）

②the earth：地球（そもそもひとつしかない＝世界にひとつだけのthe）

③the moon：月（そもそもひとつしかない＝世界にひとつだけのthe）

④You are the only girl I've ever loved.

君は僕が愛した唯一の女性だ。

（数ある女性の中で、君だけにスポットライトが当たっている感じ）

最後の例文いいですね。
こんなこと、最近は男性に言われなくなって……

あんたのプライベートはよう知らんが、彼氏か旦那にtheの説明を
して、**この英文を何回も音読させたらええ。**

なんかtheに関してはわかってきた気がします。
「ばっち〜〜ん」ですね！

第3章

可算・不可算は「バッキバキにできるかな」、スポットライトの「the」と適当な「a」、代名詞は「便利くん」

次は **a** や。さっそくこの問題。

Q Open a door. どのドアを開けるんや？

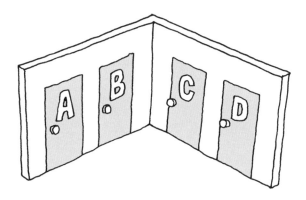

 ん〜と、Aですかね。

 なんでそう思った？ Bはダメか？ Cは？ Dはどや？

 ん〜、**どれでもいい**じゃないですか！！

 おおおおお！！！ **大正解**！！

え？　適当に言ったのに！

ええこと言うやん。**適当……これこそがaなんや。a**は「ランダムに選ばれたひとつ」。なんでもええねん。「これ！」と決まったひとつじゃなくて、**「なんでもええから、とりあえずひとつ」というのがaの持つ意味**やねん。

え？　そうだったんですか？
ランダムってことは、さっきのtheとは真逆ですね。

そうやな。theは「ひとつにスポットライトを当てる」、aは「ランダムにひとつ」やから、真逆の意味になるな。ほんなら、ここまで理解してるんやから、次の問題もわかるんちゃうか？　いわゆる熟語問題や。普通はがむしゃらに丸暗記するしかないねん。でも今のあんたやったら……できるんちゃうんか？

Q aもしくはtheを入れたってや。

① tell（　　　）lie　　「ウソをつく」　　※lie＝ウソ
② tell（　　　）truth　「真実を言う」

ん〜。まだ私には難しいみたいです。

ほな説明するから、**aとtheの理解を深める**で。たとえば、あんたが大事な待ち合わせをしていたとしよか。絶対に遅れたらあかん大事な待ち合わせや。でも、つい寝坊して、遅れてしまった。そんで遅れた理由を聞かれたとき、とっさにウソをついてしまった。このとき、**どんなウソ**をつく？

そうですねー。ウソをつくのはあまり得意ではないですが、「目覚まし時計が壊れていて……」とか「電車の運行が遅れていて……」とか「道に迷ってしまって……」とか「道端で転んでいたおばあさんを助けていて……」とか「ヒールが途中で折れてしまって……」とか「財布を途中でなくしてしまって……」とか「彼氏から急に大事な話があるからと言われて……」とかですかね？

ウソつくの苦手やのに、よくもそんなにベラベラとウソを思いついたな？　でも、ちょうどええわ。今、あんたはなんでもいいからウソをとりあえずたくさん考えて、その中のひとつを言うわけよな？これってなにかに似てへんか？

あ!!!　**ランダムに選んだひとつの「a」だ!!**

その通り！　だから、①は「tell **a** lie」になるねん。
ほんなら聞くけど、**遅刻した本当の理由**はなんや？

寝坊したから……です。あ!!!　真実はいつもひとつ!!!

闇の組織に薬飲まされて、体小さくされたちびっこ名探偵か。メインテーマ曲が少し流れてきたわ。でもその通りや。真実はひとつ。だから②は、theがついて「tell **the** truth」となるんや。

すごい!!!　たしかにこれだったら、ただただ丸暗記するんじゃなくて、理解しながら覚えられますね。

その通りなんやな。たしかにａやtheは、単語としては短くて「オマケ」みたいな存在に感じるかもしらん。でもな、このたったの1文字のａやtheの持つ意味は、決してオマケなんかではないんや。

たしかに、文の意味を決める上で大きな存在ですね。

ほんなら、最初に出した問題をもう一回見てみるで。

Q 「私はイヌが好きです」を英語にしてみ。

① I like a dog.
② I like dog.
③ I like dogs.
④ I like the dog.

まず①は「a dog」なので、ランダムになんでもいいからイヌが1匹好き、ってことですね。

そうやな。間違ってはないんやけど、「1匹」をイメージしてしまうから、「イヌ全般が好きっていう意味とは少し違う」気がするよな。④はどうや？

theがついてるから、スポットライト。つまりまさしく「そのイヌ」が好き、みたいなニュアンスになりますよね。

その通り。特定のイヌを指してるから、イヌ全般が好きとは少し違うよな。②は？

なんにもついていないですね。これってありでしたっけ？　イヌは数えられる名詞だから、aとか複数形のsみたいなのが必要じゃなかったんですか？

そうやな。

てことは、こんな英文は存在しないってことですか？

いや、存在するねん。どんな意味になると思う？　ヒントは、まさにaや複数形のsがついていないということや。つまり、**数えられない名詞として扱われている**ということや……。

イヌが数えられない……？　ってことは、バッキバキに……。

そうや。「**イヌ肉**」という意味になるねん。日本にイヌを食べる文化はないから、少しイメージしにくいかもしらんけど。てことで、「I like dog.」は「イヌ肉が好きだ」という意味になるねん。ほら？　たった1語、aが抜けるだけで、意味が全然違うやろ？

……これからはaを忘れないように気をつけます。

残るは③の「I like dogs.」やな。これが「イヌが好きだ」という「愛イヌ家」の意味になるで。複数形にすることでイヌ全般を表せるねん。これも覚えとき！

なるほど。「イヌが好きだ」という超簡単そうに見える文だけど、奥がすごく深いんですね。

3-3 「代名詞」はものぐさな人のための「便利くん」！

ここからは**代名詞**や！　代名詞って、そもそもなにかわかるか？

ん〜。「I、my、me〜」みたいなやつは、中学のとき覚えました。

その通りや！　もちろん「I、my、me〜」みたいなやつは覚えないことにはどうにもならへんから、覚えてもらうんやけど、その前に、そもそも代名詞ってなんなのか、ってところから説明していくで。ショートコント「**もしも代名詞がなかったら**」。

（いきなりのショートコント）

ショートコント 「もしも代名詞がなかったら」

さっき、「髪の毛が長くて、黒髪で、きれいで、背が高くて、上品で、声がかわいくて、食べ方がきれいで、歩き方も美しくて、それでいて瞳の奥にみなぎるエネルギーのようなものがある」女性に会ったんだ。

へ〜。「髪の毛が長くて、黒髪で、きれいで、背が高くて、上品で、声がかわいくて、食べ方がきれいで、歩き方も美しくて、それでいて瞳の奥にみなぎるエネルギーのようなものがある」女性は、タカタ先生の知り合いなのかい？

いや、「髪の毛が長くて、黒髪で、きれいで、背が高くて、上品で、声がかわいくて、食べ方がきれいで、歩き方も美しくて、それでいて瞳の奥にみなぎるエネルギーのようなものがある」女性は、僕の知り合いではないんだよ。

そうなんだ。で、「髪の毛が長くて、黒髪で、きれいで、背が高くて、上品で、声がかわいくて、食べ方がきれいで、歩き方も美しくて、それでいて瞳の奥にみなぎるエネルギーのようなものがある」女性には声をかけたのかい？

いや、かけられなかったんだ……。

⋮

どうや？

…………**むちゃくちゃイライラ**しました。「今の時間を返して」って思いました。てか、さっきの誰ですか？

通りすがりの、タカタ先生っていう数学教師芸人や。俺の相棒や。もしも代名詞というものがなかったら、こんなくどくて聞いてられないくらい長い会話が繰り広げられてしまうんよ。でもな、代名詞があるおかげで、「髪の毛が長くて、黒髪で、きれいで、背が高くて、上品で、声がかわいくて、食べ方がきれいで、歩き方も美しくて、それでいて瞳の奥にみなぎるエネルギーのようなものがある」女性は、2回目以降は「彼女」というたった1語のシンプルな言葉で言い換えられるんよな。すごい大発明だと思わへんか？

たしかに、もし代名詞がない世界に生きていたら、人と話すのが億劫になっていたかもしれません。

代名詞の働きは「**言い換える**」ことやねん。ここまで長いことはあまりないけど、会話していて言い換えたくなるシーンというのはあるわけや。そんなときにこの代名詞は大活躍っちゅうわけや。

なるほど！　じゃあダイジュ先生、どういうときにどの代名詞を使えばいいんですか？

それではまとめていくで。

単数	
私	I
あなた	you
彼	he
彼女	she
それ	it

複数	
私たち	we
あなたたち	you
彼ら	they
彼女ら	they
それら	they

たしかに、覚えた記憶があります！

少しトレーニングするで！

第3章

可算・不可算は「バッキバキにできるかな」、スポットライトの「ｔｈｅ」と適当な「ａ」、代名詞は「便利くん」

(1) the girl　　　　　➡

(2) the boy　　　　　➡

(3) the girls　　　　➡

(4) the boys　　　　➡

(5) Tom and I　　　 ➡

(6) Bob and Tom　 ➡

(7) apples and oranges ➡

（1）は女の子なので**she**ですね！　（2）は男の子なので**he**、
（3）は女の子たちと複数形なので**they**？

ここまでは完璧や！　次はどうや？

（4）the boys も男の子たちと複数形なので**they**、
（5）はトムと私……これ難しいですね。

ええやんええやん。トムと私、ということは……。

私たち！！！　**we**か！！

大正解！！　その調子で次もいくで！

（6）Bob and Tomはボブとトム……彼ら！　**they**ですね!!

（7）apples and orangesは、それらだから**they**!!

パーフェクト!!!!!!

andが入っているものは少し悩みましたが、実際に頭の中で想像するとわかりました！

ほんなら、代名詞の2段階目にいこか！
代名詞は**格変化**というものをするんや。

カクヘンカ!?　大当たりしそうな感じ？

あんた、休日なにしとるんや。簡単に言うと、文中で置かれる場所によって形が変化するんや。まずは一覧表や。

		主格	所有格	目的格	所有代名詞
一人称	単数	I	my	me	mine
	複数	we	our	us	ours
二人称	単数	you	your	you	yours
	複数	you	your	you	yours
三人称	単数	he	his	him	his
		she	her	her	hers
		it	its	it	-
	複数	they	their	them	theirs

がんばって覚えますね。

これをいつどのタイミングで使うのかってことが大事やねん。た
とえば、この表に出てくる「主格」「所有格」「目的格」「所有代名詞」っ
てのはわかるか?

んー、難しいですね。

次の表を覚えるとええわ。

格	使い方	例
主格	「主語(〜は、〜が)の位置」で使う	He speaks English. ↑ 主語 「彼は」英語を話す。
所有格	「所有格(〜の)+名詞」で使う	my pen 「私の」ペン
目的格	① 「一般動詞の後ろ(〜を、〜に)」で使う ② 「前置詞の後ろ」で使う	① I love them. 私は「彼らを」愛している。 She gave him the book. 彼女は「彼に」その本を与えた。 ② for me ↑ 前置詞
所有代名詞	「〜のもの」で使う	The house is theirs. その家は「彼らのもの」です。

ほんなら練習問題や。

問題

① I know（彼）.　　　　「私は彼を知っている」

② Please help（私）.　　「私を助けてください」

③ Look at（彼女）.　　　「彼女を見て」

④ This bag is（私）.　　　「このかばんは私のものです」

⑤ That house is（彼）.　　「あの家は彼のものです」

⑥ That is their desk. = That desk is（　　　）. 「あの机は彼らのものです」

⑦ This book is ours. = This is（　　　）book. 「これは私たちの本です」

答え

①him　②me　③her　④mine　⑤his　⑥theirs　⑦our

だいぶ、つかめてきました。

これで代名詞の大半は終わりや。残るは「こんな使い方もできるんやで」を紹介していくな。**You**と**it**について話していくぞ。まずは**You**についてや。

え？　Youって「あなた」ですよね？
それ以外になにかあるんですか？

たとえば、次の日本語を英語にしたらどうなる？

人生は一度きりだ。
① We only live once.
② They only live once.
③ You only live once.

んー、そう言われるとたしかに難しいですねぇ。「私たちは人生一度きりだ」「彼らは人生一度きりだ」「あなたは人生一度きりだ」——なんとなく、Weな気がしますね。

たしかに、日本人の感覚からしたらWeっぽく思うねん。だけどな、今回これは**Youを使う**ねん。これがYouの特別な意味や。「**自分もあなたも彼らもみんな**」って意味があるねん。言い換えるなら、誰にでも当てはまるときは、WeでもなくTheyでもなくYouを使い、「みんな」って意味になるってことや。

Youはなんとなくわかりました。
じゃあWeやTheyはどういう感じになるんですか？

Youが一番大きい枠組みで、その中にWeとかtheyがある感じにとらえてくれたらええで。つまりWeは「（自分を含む）みんな」、theyは「（自分を含まない）みんな」、Youは「（自分もあいつらも含んだ）みんな」みたいな感じや。

なるほどー。**Youは「あなた」って意味だけじゃない**んですね。

そや。ほんなら例文見ておこうか。

You never know what's going to happen.
なにが起こるか誰にもわからない。

You have to wear your uniform in school.
学校では制服を着ないといけない。

「一般の人全員」みたいな感じなんですねー。

なんか、新しいYouの側面を知ることができてよかったです。

便利くん「It」登場！

じゃあ代名詞編のラスト。**It** について見ていこか。

Itって「それ」ですよね？

そや。でもなこのIt、むちゃくちゃ**便利くん**なんや。

便利くん？

そや。たとえば次の日本語を英語にしてみ。

① 9時だ。
② 暖かい。
③ 駅までは5kmだ。
④ 晴れだ。

えっとー。結構簡単ですね。

① nine.
② warm.
③ five kilometers to the station.
④ sunny.

178

待て待て！　これまでやってきたこと全部忘れとるやないか。
主語は？　動詞は？？

あ〜、忘れてました。ん？？？？
この日本語……主語がありませんよ？

そうやろ？　①から④まで、全部主語がないねん。でも英語は主語が必要なんやったよな？　ってことは、**主語を無理にでも置かんとあかん**ねん。さ、どうする？

主語を置く？　そんなの無理ですよ。ないんですから。

そんな困ったときの「便利くん」がItやないかい。
主語がないなぁ……。主語がないぞ〜。困った。困った。どうしよ〜！！！　あ！！　そんなときは「**It**」を使おう！　って感じや。

ってことは……？

① It is nine（o'clock）.
② It is warm.
③ It is five kilometers to the station.
④ It is sunny.

そういうこっちゃ。こんな感じで主語を書かなあかんのに、主語にあたるものがない！　ってなったら、便利くんItの力を借りたらええねん。

第3章

可算・不可算は「バッキバキにできるかな」、スポットライトの「the」と適当な「a」、代名詞は「便利くん」

ちなみに、このItの訳って「それ」なんですか？

 いや。困ったときのItくんは、ただただ置かせてもろうとるだけやから、**意味はあらへん。**

 いつも困ったときに助けてくれるItくんは、なんだかすごく「**良い人**」なんですね。これからはお目にかかるたびに、ご挨拶させてもらいます。

 時・天候・寒暖・明暗・距離なんかを表す文の主語はItになるんやで。覚えといてや！

第4章

形容詞と副詞は「エキストラ」、比較は「足し算」

英語に出てくる「形容詞」と「副詞」は、映画やドラマでいえばエキストラや。おっと、勘違いせんとって。エキストラがいるからこそ映画やドラマは生き生きとするんや。ここでは、これまであまり脚光を浴びてこんかった「形容詞」と「副詞」にスポットライトを「ビカーッ！」っと当てるで！

「形容詞」は「名詞」とセット、「副詞」は「名詞以外」とセット

 形容詞と副詞は、エキストラ的な役割なんですよね？　そもそも同じエキストラなら、**なんで2つも存在する**んですか？

 おけ。ほんなら、まずは形容詞と副詞の違いから説明していこか。実は第1章ですでに話しているんやけどな。わかってるなら飛ばしてくれていいからな。

形容詞：名詞を修飾する。
副詞：名詞以外を修飾する。

Q　次の下線部はどこを修飾しとる？

① 昨日、公園でサッカーをした。
② 昨日、大きな公園でサッカーをした。

①「昨日」は「した」を、「公園で」も「した」を修飾しているので、ともに副詞。
②「大きな」は「公園」を修飾しているので形容詞。

 形容詞と副詞の違いを復習したところで、まずは形容詞について見ていくで。この形容詞ってのは、そもそも大きく2つの使い方があるねん。

使い方①　名詞に直接くっつく使い方 ➡ happy news

使い方②　箱の中に入れる使い方 ➡ I am happy.

 ここでくわしく見ていきたいんは、**使い方①の「名詞に直接くっつく使い方」**や。ここに**日本語と英語の大きな違い**があるねん。

 大きな違い？

 今、ここに女の子がいます。さぁ、どんな女の子？

 かわいい女の子！　わたしみたいな♡

 うん……。あと10個くらい、ちょうだい。

 背の高い女の子、テレビを見ている女の子、バスケが上手な女の子、友達がたくさんいる女の子、木の下にいる女の子…… もういいですか？

 よかろう。よし英語にするで。

かわいい女の子：cute girl　　　　　　　※冠詞は一旦無視しています。

背の高い女の子：tall girl

テレビを見ている女の子：girl watching TV

バスケが上手な女の子：girl who is good at playing basketball

友達がたくさんいる女の子： girl who has many friends
木の下にいる女の子： girl under the tree

　　　……なんか気づかへんか？

 girlの**前から説明しているもの**もあれば、
後ろから説明しているものもあります！

 そうやな。

●前から説明しているもの

cute girl
└──↑

tall girl
└──↑

※冠詞は一旦無視しています。

●後ろから説明しているもの

girl watching TV
↑──┘

girl who is good at playing basketball
↑──────────┘

girl who has many friends
↑──────┘

girl under the tree
↑──────┘

※冠詞は一旦無視しています。

186

日本語は全部「前から」なのに、英語は「**前からも後ろからもある**」んですね。

そういうこっちゃ！　そこがポイントや。名詞を説明するときの考え方が、英語と日本語で決定的に違うんや。

どういうときが「前から」で、
どういうときが「後ろから」なんですか？

ずばり、**形容詞が1語のときは「前から」**、
2語以上のときは「後ろから」なんや！

●日本語の場合

　　　　　　　　例　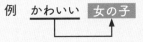

必ず「前」から説明

●英語の場合

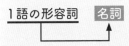　　　例　cute　girl

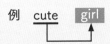　　　　　例　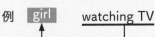

前から名詞を説明する場合は、英語も日本語も同じなので大丈夫ですけど、**後ろから名詞を説明するのは、日本語にはない英語特有の文法**なんですね。

そうゆうこっちゃ。この「後ろからの修飾」を文字通り「**後置修飾**」というんやけど、**日本人はこの後置修飾がほんまに苦手**やから、しっかりと意識するんやで。後置修飾はこのあとむちゃくちゃ出てくるから、しっかりと覚えておいてや。第5章と第6章で詳しく説明するで。

副詞の語順は「場所＋時」が原則

ここからは副詞や！　さっそく問題やで。
「公園で友達と昨日サッカーをした。」を英語にすると？

「I played soccer yesterday with my friends in the park.」ですよね。簡単ですね。

ちっちっち。

……間違ってましたか？

まぁ、間違えても仕方ないと思う。
実は副詞は、いくつかのグループに分けられるんや。

① 様子を表す副詞：well（上手に）/ fast（速く）/ early（早く）
　　　　　　　　　　slowly（ゆっくりと）
② 場所を表す副詞：in the park / to Paris / there
③ 時を表す副詞：yesterday / now / today / tomorrow / for ten years

188

④　程度を表す副詞：very / so

⑤　頻度を表す副詞：always / sometimes

わわっ、こんなにあるんですね。

で、問題は**これらをどこに置くか**って話やな。

これは副詞の種類によって違うねん。

・①、②、③は基本的には文末が望ましい

・④は強調する語の前

・⑤は次の章で見るので、一旦保留

副詞って文中でのエキストラなので、**どこでもいいんじゃね？**って思ってましたけど、**ちゃんとルールがある**んですね。

たとえば「I play the guitar.」。これに well をつけてみ？

well は様子を表すので「I play the guitar **well**.」ですか？

そや。ほな「公園でサッカーをした」は？

I played soccer **in the park**.

おけ。ほな「彼はとても優しい」は？

He is **very** kind.

ええでぇ。じゃあ、「公園で友達と昨日サッカーをした」は？

いや、これはせこいでしょ？
副詞がいっぱい出てくるじゃないですか。

そうや。**副詞が複数並ぶときは、原則「場所＋時」が最後にくる**と思っとこ。

てことは「I played soccer with my friends <u>in the park</u> <u>yesterday</u>.」
ですね。
　　　　　　　　　　　　　　　　　　　　　　　　　場所　　　時

ええやん。**エキストラの副詞にだって、きちんと置く場所がある**から。その辺りをしっかりと整理しておいてな。

頻度の副詞は「not」と同じ位置に置く

次は「頻度の副詞」や。

「ヒンド」？　**貧しさの度合**いですか？

そんな言葉あるか。「**頻度**」や。always とかsometimes みたいな、**同じことが繰り返し起こる程度を表す副詞**やな。まずは「頻度の副詞の種類」と「どれくらい起こるのか」を整理しておこか。

always	10回中10回	➡	いつも
usually	10回中8回	➡	たいてい
often	10回中7回	➡	よく
sometimes	10回中5回	➡	ときどき
rarely	10回中2回	➡	めったにない
not / never	10回中0回	➡	一度もない

こいつらを文のどこに置くかって話や。

なんか、かすかに覚えていますよ。be動詞のときがどうたらで、一般動詞のときがどうたらで〜みたいにややこしかったような……。

そうそう。覚えるの大変よな。
でもな、この表の中で光り輝く原石はないか？

ないですね。どれもただの英単語です。

いや、あるで……。よう見てみ。**1個だけある**から。その1個を見つければ、頻度の副詞は全部仲間やから……

あっ。

おおっ。

あーーーーー!!!　**not**があります。

ということは？

notは否定文で習ったので、文のどの位置に置くか知ってます。

She is not late. ➡ Be動詞の後
彼女は遅刻しない。
He doesn't sleep during the meeting. ➡ 一般動詞の前
彼は会議中に寝ない。

ということは？

always や sometimes などの頻度の副詞は、**not の仲間なので、置く場所は not と同じ**ってことですか？

そういうこっちゃ。**頻度の副詞は not と同じポジション**やってことを、しっかりと頭に刻んでおいてな。そうすれば、頻度の副詞は「be動詞の後ろ」「一般動詞の前」と覚えなくてもOKや！

頻度の副詞の例文

① She is sometimes late.　彼女はときどき遅刻する。
② He often sleeps during the meeting.　彼は会議中によく寝る。

4-2 「比較」の攻略法は 小1で習う「足し算」!

ここからは、**みんな大好き「比較」**の時間や。

いや、私は「**比較**」**嫌い**ですよ。

ちゃうちゃう。俺が言うてるんは、英語の「比較」やない。実際の「比較」や。

「あの人よりも私のほうが年収が高い」

「あの子よりもうちの子のほうが偏差値の高い学校に受かった」

「うちがこの地区で一番おしゃれな一軒家に住んでいる」

「うちのイヌが一番かわいい」

……

ほらな?　比較好きやろ?

なんかこの例の人、すごく嫌なヤツですね……まぁ、たしかに比較しないわけじゃないですけど……。

そやろ?　**人間ってのは比較が大好き**やねん。「幸せになるためには、他人と比較せず、過去の自分と比較しよう」とか、自己啓発系のおっちゃんとかがよう言うけどな、**それは無理**や。人間は比較が大好きなんや。

え？　この授業って自己啓発系ですか？

 ちゃうわ。それは**俺が一番嫌いな類**や。話を戻すで。では質問や。比較って何種類あるやろ？

 急に言われても難しいですねー。んー、10種類？

 10種類もあったらたいへんや。答えは**3種類**や。

 その3種類ってなんですか？

 ①2人を比べて差がある、②2人を比べて差がない（同じ）、③3人以上を比べて1番。この3種類しか比較ってないねん。これは日本語だろうが英語だろうが、同じやぞ。**世の真理**ってやつや。

 なるほど。で、それが英語の比較となんの関係があるんですか？

おおありや。比較が3種類ってことは、英語でも**比較のパターンを3種類押さえてしもたら勝ち**ってことやないかい。

なるほど。ここから英語の授業に入るわけですね。

そや。でな、基本的に比較の授業をする先生たちって、「今週はひとつめの比較」「来週に2つめ」「再来週に3つめ」って感じで、**小出しにしよんねん。俺はそれが大嫌いやねん！** 一気にいったほうが絶対頭入るんや。で、**比較において最も大事なこと**を言うぞ。

心して聞きます。

比較は……。

比較は……？

足し算や。

……？　なにを言っているんですか。今は英語の授業でしょ？　なんで算数が出てくるんですか？　しかも足し算なんて、小学生が習うことですよね？　そんなに簡単だったら、誰だって比較マスターですよ！

俺が言いたいこと、全部言うてくれたわ。今、なんて言うた？

 英語の授業でしょ？　なんで算数が……。

 そこちゃう。そのあとや。

 足し算なんて小学生が習うことですよね？　そんなに簡単だったら、誰だって比較マスターですよ、って言いましたよ。

 そういうことやねん。比較は足し算。つまり**超簡単**なんや。

 ウソ言わないでください。実際、私は、今、比較と聞いてもピンときてないんです。足し算みたいに簡単なわけがないじゃないですか？

 ほう……。ほな、足し算ってことを証明したるわ。
「私は背が高い」を英語にしてみ。

 「I am tall.」ですよ。それがどうかしたんですか？

あとは、ここに足し算するだけで比較の文は完成や。

は？　なにを言ってるんですか？

復習や。比較って何種類あった？

3種類です。

「I am tall.」っていう文に足し算したらしまいや。
それぞれ足すものが変わるだけや。

なにを足すんですか？

この表の言葉を、元の文につけ足すだけや。

	形容詞・副詞を	文末に
2人を比べて差がある	〜er / more〜	than ＋ 相手
2人を比べて差がない（同じ）	as〜	as ＋ 相手
3人以上を比べて1番	the 〜est / the most	in （of）＋ 範囲

短い単語には「〜 er」や「the 〜 est」をつけ足すだけでええ。長い単語には「more 〜」「the most 〜」をつけ足すだけや。**母音（アイウエオ）が３つ以上ある単語は「長い」単語やで。**

●形容詞・副詞の変化

単語の形	例	差がある	一番
普通	tall	taller	the tallest
子音＋y	early	earlier	the earliest
長い	beautiful	more beautiful	the most beautiful
不規則①	good、well	better	the best
不規則②	many、much	more	the most

……え？　これをつけ足すだけ？

そや。ほんなら、論より証拠や。「私はトムより背が高い」——これをつくってみるで。まずは比較なんか無視してつくろ。いわゆる骨格の部分「私は背が高い」や。

I am tall. ですね。

次に、今回は３種類の比較のうち
どのパターンや？

「トムより背が高い」って言って
いるので「２人を比べて差がある」のパターンですね。

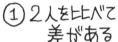

①２人を比べて差がある

なにを足すって書いてる？

 短い単語は形容詞・副詞に「〜er」を足すって書いています。

 足してみ？

 I am tall**er**.

 んで、次になにを足してる？

 「文末に than ＋ 相手 」を足すって書いています。

 足してみ？

 I am tall**er than Tom.**

 完成や。

え？　これだけ？

 これだけや。

 むちゃくちゃ簡単じゃないですか。

 だから言ってるやん！　小学生の算数くらい簡単やねん。これを ようわからん習い方するから、**みんな比較が大好きやのに、 英語の比較は嫌いになってもうてる**ねん。

 うわー、感動しました。

 ほな、次いくで。「私はトムと同じくらい背が高い」や。

 まずは、比較を無視するので「私は トムと同じくらい 背が高い」 ですね。だから「I am tall.」で同じ ですね。

 んで？

今回は「2人を比べて差がない（同じ）」パターンなので、形容詞・副詞に as を足して「I am **as tall**.」ですね。

んで？

文末にも as ＋ 相手 を足すので、「I am **as tall as Tom**.」っと。これで完成ですか？

完成や。

③3人以上を比べて1番！

むちゃくちゃ簡単じゃないですか！！　すごい！

ほな、最後。「私はクラスで一番背が高い」や。

まずは、比較は無視だから、「私はクラスで一番背が高い」ですね。これも「I am tall.」ですね。これは「3人以上を比べて1番」のパターンなので、形容詞・副詞に「the 〜est」を足します。そうすると「I am **the tallest**」ですかね？

合ってるで。

んで、文末に in（of）を足すと……これは in と of のどちらでもいいんですか？

of ＋〔all / them / the 数字〕や。
それ以外は in って考えてくれたらええで。

なるほど。ってことは「**I am the tallest in my class**」……これで合ってますか？

大正解や。どや？　これで比較はおしまいや。

ちょっと感動しすぎて、言葉も出ません。今までの教え方はなんだったんだろ。こんなにも比較が簡単だなんて。

比較は足し算や！

スペルと発音の正しい関係はフォニックスで学べ！

　英単語の正しい発音って難しいよな。「この単語どう読むんやろう？」って悩むことが、たくさんあるやん。

　たとえば、**stir** って単語は、どう発音するかわかるか？

　「スティール」？　それとも「スティア」？

　どっちも違うねん。

　ほんなら、もうちょい簡単な単語にしよか。
girl は？　これは「ガール」やな？
ほんなら、**bird** は？　これも「バード」やな？
ほんなら **third** は？　これも「サード」、長嶋や。

　なんか共通点がないか？
そう、**girl**、**bird**、**third**……。全部 **ir** が入っているんや！
じゃあ、この「ir」はどう発音した？
そう、「**あー**」って発音したな。
正確には口をすぼめて「あー」なんやけど、まぁ、それはええ。
ということは、st**ir** はどうなる？

　そう、「**すたー**」や!!

　こういう風に、「スペル」と「発音」には関係性があるんや。この関係性は**フォニックス**というんやけど、これを学ぶことで英語の発音は、だいたい予想できるんやで！

第5章

不定詞と動名詞と分詞は「カタマリ」

中学英語の「つまずきポイント」といえば不定詞、動名詞、分詞や！ なぜここで派手にすっ転ぶのかやて？ それは、不定詞、動名詞、分詞をバラバラの「点」で見てきたからや。ここでは見方を変えて「点」を「線」に「ビシッ！」とつなげるで！

207

点を線にするのが「カタマリ」

おけ。ほな**カタマリ**について整理していこか。

今までは「時制」とか「受動態」とか英語っぽい名前だったのに、いきなり「カタマリ」って言われても、なんか抵抗感あります。この「カタマリ」ってのはなんなんですか？

カタマリは読んで字のごとく「カタマリ」やねん。
たとえば「Tom」は「Tom」やろ？

はい。「Tom」は「Tom」です。

でもな、たとえば「to」って「to」か？

「to」は「to」です。

……うん。まぁ「to」は「to」なんやけどな。
でも、これ1語で成立してるか？

あ、たしかに「to」の後ろにはなにかが続きそうな気がしますね。

そういうこっちゃ。「to」の後ろにはまだ続きがある。たとえば「to play soccer」みたいな感じやな。そんで、**これがひとつのカタマリとして一文の中で機能する**んや。

カタマリって……たとえばどんなものがあるんですか？

一例にすぎへんけど、こんな感じや。

to のカタマリ

to study English ／ to get up early ／ to sing songs

ing のカタマリ

speaking English ／ collecting stamps ／ eating lunch

過去分詞のカタマリ

broken by Tom ／ seen from the sky ／ made by my mother

that のカタマリ

that I heard yesterday ／ that he didn't know

when のカタマリ

when I came back home ／ when I was a child

たしかに、すべてカタマリになってますね。

カタマリがあることによって、長い文をつくり出すことができるやろ？　**バリエーション豊かな英文をつくり出そうと思ったら、カタマリは絶対に必要**なんや。

カタマリさんすごいですね！

よし、ここで問題や。「study」は何詞や？

動詞です。簡単です。

なにをいきなり簡単な問題、出してきてるんですか。

おけ。ほな「English」は何詞や？

だから、そんな簡単な。名詞ですよ。

おけ。ほな「to study English」は何詞や？

え？　「to study English」……。名詞ですか？

なんでそう思った？

 あ、動詞ですね！

 なんでそう思った？

 あ、そうか、そうか。副詞か！！

 なんでそう思った？

 あ！　わかりません！！　答えを教えてください！！！

 ヒントを出したるわ。「**カメレオン**」や。

 なに言ってるんですか？　「カメレオン」って
色が変わる爬虫類ですよね？

 お、もう**ほぼ答え**や。

いや、全然わからないです！　「to study English」が「カメレオン」って、そんなわけないじゃないですか。早く、答えを言ってください。

もう、ほぼ答えまで言ってるようなもんなんやけどな……。
答えは「**何詞でもない**」や。

は？　どういうことですか？　今まで散々、英語は「品詞」が大事って言ってたじゃないですか？　なるほど、わかりました。この授業、詐欺だったんですね。よ～くわかりました。**私、帰ります！**

お疲れさん！

止めてくださいよ!!　なんで止めないんですか!!

面倒くさいやっちゃなぁ！　まだ続けるねんな？

そりゃ続けますよ。こんなところで途中下車できません。

さっき、あんたは「英語は品詞が大事」って言うてたな。
なんかもうひとつ、大事なこと忘れてへんか？

ん？

「品詞」と……？

「語順」ですか？　それがどうしたんですか？

語順のことも考えると、なんでこの「to study English」が、「何詞にも
ならない」のかがわかる。いや、正確には「**何詞にでもなれる**」っ
てことがわかるで。

もう、なんなんですか？　「カメレオン」とか「何詞にもならない」と
か「何詞にでもなれる」とか……もったいぶらないで、さっさと言っ
てくださいよ。

ほんなら、次の3つの文を一緒に考えてみよか。

① To study English is a lot of fun.
② To study English I went abroad.
③ I have a lot of time to study English.

3つの文はどれも「to study English」っていうカタマリが含まれて
いますね。

この3つの文の「to study English」は、同じように見えて全然違う。

 え？　どういうことですか？

 カタマリってことは「to study English」で1枚のカードと考える。するとこうなる。

① [To study English] is a lot of fun.
② [To study English] I went abroad.
③ I have a lot of time [to study English].

①②③の「to study English」は、それぞれ文のどの位置にある？

 ①は「to study English」が主語です。②は主語の前にあります。③は「私は時間がたくさんある」とあるけど、どんな時間？　となるので、「to study English」は、直前の「time」をくわしく説明しています。

① To study English is a lot of fun.
　主語 ➡ **名詞のカタマリ**

② To study English I went abroad.
　主語の前 ➡ 箱の外 ➡ **副詞のカタマリ**

③ I have a lot of time to study English.

　　　　　　time を説明 ➡ **形容詞のカタマリ**

そういうこっちゃ。①は主語やから名詞の働きをしているカタマリで、②は主語の前にあるから箱の外ってことになって、副詞のカタマリや。③は直前の名詞timeを修飾しているから形容詞のカタマリや。

同じ「to study English」なのに、品詞が全部違う……。

そや。「to study English」は、状況によって名詞になったり、副詞になったり、形容詞になったりするねん。だから「何詞にでもなれる」っちゅうわけや。**文のどこにあるかによって何詞にでもなれる**……まるでカメレオンやろ？

本当にカメレオンみたいです！

Tomやdeskはもうぅ生まれたときから「名詞」だし、isやmakeは「動詞」と決まってる。でもな、このカタマリは、**文のどこに配置されているかによって変化する**んや。だから一番最初から「語順」と「品詞」の2つが大事って、ず〜〜〜〜っと言い続けてきたんや。

なるほどー！　説得力が違いますねー！　ダイジュ先生。文のどの位置にあるかによって品詞が変わるのはわかったんですけど、**だからなんなんですか？**

「**品詞が変わる**」ということは「**意味も変わる**」んや。
さっきの例文で見てみよか。

① To study English is a lot of fun.

　　これは名詞の働きをしとる。このときは「～すること」って意味になる。だから①の意味は「英語を勉強することはとても楽しい」や。

② To study English I went abroad.

　　これは副詞の働きをしとる。このときは「～するために」って意味になる。だから②の意味は「英語を勉強するために留学に行った」や。

③ I have a lot of time to study English.

　　これは形容詞の働きをしとる。このときは直前の名詞を説明するだけや。だから③の意味は「私は英語を勉強する時間をたくさん持っている」や。

と、こうなるねん。品詞が違うっちゅうことは意味も違う。でも、その意味の違いを「感覚」とか「フィーリング」で考えたらあかんねん。「品詞」と「語順」の２つを使えば、論理的に正しく理解できるんやから。

なるほど。やっぱり英語において大事なことは品詞と語順の２つなんですね。よっ、ダイジュ先生！

いい歳して、「よっ」とか言うてたら恥ずかしいで。

これで、カタマリはおしまいですか？

んなわけあるかい！　カタマリは不定詞、動名詞、分詞、分詞構文（分詞構文は高校の範囲なので今回は省略）、関係代名詞、間接疑問文、接続詞など、たくさんの単元がからんでくるんや。

え〜、私、学生時代にその辺りから一気に英語がわからなくなって、嫌いになったんですよね。トラウマがよみがえってきました。

大丈夫や。あんただけちゃう。ほとんどの人がこの辺りで一気に英語を難しく感じ始めて、英語への嫌悪感が生まれてくるんや。その理由がわかるか？

ん〜、単純に難しいからじゃないですか？

いやいや、難しくないねん。スマホやパソコンの操作とか、車の運転のほうがよっぽど難しいわ。

そんなわけないじゃないですか。だって、私、不定詞とか動名詞とか、なにがなんだかわからなくなって、頭がごちゃごちゃしていた覚えがありますよ。スマホの操作のほうが絶対簡単ですよ。

なにがなんだかわからなくなって、頭がごちゃごちゃ……って言うたな？

言いましたよ。

それや。それが原因やねん。不定詞も動名詞もそのほかの項目も、ひとつひとつを切り取れば、それほど難しいわけじゃない。でもな、学生時代もそうやし、学びなおしでもそうなんやけど、それだとそれぞれが「点」でしかなかったんや。不定詞をやれば不定詞はなんとなくわかる。関係詞をやれば関係詞はなんとなくわかる。

でも、それらの単元が一体どのようにからみ合っているのか、どんな関係があるのかがわかってない……つまり「線」になっとらんのや。

たしかに、「線」になっている気はしないですね……。

たとえばな、下の3つの例文を見てくれ。どこがカタマリや？

① I know the way to master English.
② I know the man playing soccer.
③ I know the news that he said yesterday.

① I know the way to master English.　**to のカタマリ**
② I know the man playing soccer.　**ing のカタマリ**
③ I know the news that he said yesterday.　**that のカタマリ**

ほな、それぞれの品詞は？

①は「I know the way」、つまり「私は方法を知っている」だから、「どんな方法？」ってなって、「to master Engish」がその説明をしています。だから形容詞ですかね！

正解や。②は？

②も「I know the man」、つまり「私はその男を知っている」だから、「どんな男？」ってなって、「playing soccer」がその説明をしています。だからこれも形容詞ですね！

すごいやん！　③は？

③も「I know the news」、つまり「私はその知らせを知っている」だから、「どんな知らせ？」ってなって、「that he said yeasterday」がその説明をしています。だからこれも形容詞ですね。**ん？　全部が形容詞？**　なんか引っかけがあるやつですか？

いや、**全部、形容詞**で、直前の名詞を説明してるねん。

あ、そうだったんですね。で、どうしたんですか？

実は①はto不定詞を使った形容詞のカタマリで、通称「不定詞の形容詞的用法」、②はingを使った形容詞のカタマリで、通称「分詞」、③はthatを使った形容詞のカタマリで、通称「関係代名詞」っていうねん。

それぞれ、そういう名前がついているってことですね？
全部聞いたことはありますよ。

よう考えてみ？　不定詞の形容詞的用法も、分詞も、関係代名詞も、たしかに見た目はtoやingやthatで違うな。でもな、働きはなんや？

全部が形容詞の働きで、名詞を説明している……あ！
見た目は違えど、結局は同じじゃないですか！

それや。その言葉が聞きたかったんや。見た目は違うけど、働きは3つともまったく同じや。これで「不定詞」と「分詞」と「関係代名詞」が、1本の「線」につながったんや。

不定詞の形容詞的用法	分詞	関係代名詞

すごーい！！！　たしかに今までは「不定詞は不定詞でおしまい！」みたいな感じでした。ずっと「点」で学習してたんですね。「分詞」とか「関係代名詞」ってなんか小難しいものだと思ってたけど、こうやって「線」でつながって、「全部同じ」ってなると簡単ですね！

そうや。こうやって「線」でつなぐと、一気に見え方が変わるんや。「語順」と「品詞」の威力を思い知ったやろ？

はい。本当に感動して、開いた口がふさがりません。今は形容詞のカタマリについて見ましたけど、もちろん、**ほかもある**んですよね？

もちろんや。わかりやすく表にまとめてみたで。**この表の横の列が「同じ働き」や。**たとえば、副詞の横列を見ると、to、ing、過去分詞、接続詞となっていて、たしかに見た目は違う。でも、すべて同じ副詞の働きをしているんや。

	句をつくるもの			節をつくるもの		
	to	ing	過去分詞	関係代名詞	間接疑問文	接続詞
名詞	名詞的用法	動名詞	×	×	○	×
形容詞	形容詞的用法	分詞	分詞	○	×	×
副詞	副詞的用法	分詞構文	分詞構文	×	×	○

なんてわかりやすい表なんですか！！！　すごすぎます！　これなら、苦手で仕方なかった不定詞とか関係代名詞もいけそうです。あっ……でも2点、質問があります。まず、表の中の「×」はなんなんですか？

「×」はその品詞にならないってことや。たとえばtoは、名詞も形容詞も副詞もすべての品詞になることができる。一方、過去分詞は形容詞と副詞だけで、名詞の働きはしないんや。

なるほど。もうひとつの質問ですが、表の一番上の「**句**」と「**節**」ってのはなんですか？

お！　ええとこに目をつけるやん。「句」ってのは主語と動詞を含まないカタマリで、「節」は主語と動詞を含むカタマリのことや。たとえば、こんな感じや。

句 {
  in the station（主語と動詞を含まない）
  to speak English（主語と動詞を含まない）
}

節 {
  when |主語 I| |動詞 was| a child（主語と動詞を含む）
  that |主語 he| |動詞 said| yesterday（主語と動詞を含む）
}

なるほど。カタマリを分類しているだけですね。

そういうこっちゃ。そんで次の項目から、このカタマリをつくるtoとかingとかを、それぞれ細かく見ていくで。**このカタマリが終わったら中学英語は完成や**。最後、気合入れろよー！

5-2 「不定詞」は「文のどこに入るか」で品詞が決まる

ほな、まずは「**to不定詞**」を見ていくで。
まずは「**to**」の全体像からや。

カタマリの種類	カタマリの名前	日本語の意味
名詞の働きをするtoのカタマリ	名詞的用法	〜すること
形容詞の働きをするtoのカタマリ	形容詞的用法	〜する（ための/べき）名詞
副詞の働きをするtoのカタマリ	副詞的用法	①〜するために（②以外）②感情の原因（直前に感情）

全体像は頭に入りました。

ほな確認テストや。

Q 次のtoのカタマリは「名詞」「形容詞」「副詞」のどれや？また、英文を日本語にしてや。

① My dream is to be a doctor.　　　　　　= toのカタマリ

② To talk with your friends in English is a lot of fun.

③ I want to play baseball.

④ I have no money to buy the car.

⑤ To see an aurora, my friend went to Norway.

⑥ I was happy to hear the news.

①はbe動詞の後ろなので「＝」のやつです。だから名詞です。名詞ってことは「〜すること」なので、和訳は「私の夢は医者になることです」。

名詞

① My dream is to be a doctor .

②は「to talk with your friends in English」が、長いけどひとつのカタマリで、「is」の主語なので名詞です。同じく名詞なので「〜すること」だから、和訳は「友達と英語で話すことはとても楽しい」。

名詞

② To talk with your friends in English is a lot of fun.

③は「I want」つまり「ほしい」ですから、「なにを？」となるので、後ろに名詞が必要です。ですから「to play baseball」のカタマリが名詞になります。同じく名詞なので、和訳は「野球をしたい」。

名詞

③ I want to play baseball .

④は「I have no money」で「お金がない」。じゃあ、「なんのお金がないのか」というと「buy the car（その車を買う）」になるので形容詞です。和訳は「その車を買うためのお金がない」。

形容詞

④ I have no money to buy the car .

⑤は主語の前に「to see an auroea」のカタマリがあるので副詞です。直前に「感情」がないので「〜するために」だから、和訳は「私の友達は、オーロラを見るためにノルウェーに行った」。

副詞

⑤ To see an aurora , my friend went to Norway.

⑥は「I was happy」で「うれしかった」となり、この感情の「happy」の後ろに「to hear the news」があるので、このto不定詞は副詞。意味は感情の原因になるので、和訳は「私はその知らせを聞いてうれしかった」。

副詞
⑥　I was happy to hear the news .
……
どうです？

えぐいやん！！！　俺、出る幕なしやん。すごいでー！！

やったー！！！！

考え方も和訳も完璧やわ！　ほな、少しだけ補足な。まずは名詞的用法の補足や。問題の①、②、③はすべて名詞的用法やったな。どれも同じ名詞的用法やけど、厳密には少し違うわけや。で、②と③は少し補足説明をしておこか。

あんた、顔は小さいほうがええか？　大きいほうがええか？

なんですか、いきなり。そんなの小さいほうがいいに決まってるじゃないですか。そりゃ私だって、もう少し顔が小さく生まれたら……なんて思ったことありますよ。小顔マッサージしたり、エステに通ったりしてきましたけど、生まれ持ったも

のだからそう簡単には変わりませんね。ダイジュ先生のお顔も、ご立派ですね！

誰が顔でかいや！！

あ、ごめんなさい。でも、立派だったので。

もしも「小顔に変身できる！」って言うたらどうする？

そりゃあ、しますよ。泣いて喜びます。

実はなれるねん。

え、先生、エステかなにかもやってるんですか？

そや。

えーーーー。

ちょっと話を戻すで。②の「To talk with your friends in English is a lot of fun.」やけど、この英文を見てどう思った？

え？　「**主語が長いなぁ**」って思いましたよ。だって、今までの主語って、どれも「I」とか「He」とかみたいに短かったんですもん。

人の顔に相当するのは、英語ではなんやと思う？

そりゃあ、初対面のときにまずは顔を見ますから、英語でも最初に目に入る主語じゃないですか？

その通りや。**英語の主語は人でいう顔**や。そしてこの英文は主語が長い。つまり、人で言うところの「顔がでかい」ってことや。

なるほど。

ここでエステティシャン「ダイジュ」の登場や。
長い不定詞の主語を短くできる。ようは「整形」や。

え？　そんなことしていいんですか？

この長い主語の代わりに「**便利くん**」を使うんや。

「便利くん」……**どっかで聞いたような。**

記憶力ええやんけー！　3-3の代名詞のところで話したやつや。そう、**It**や。時や気候の文をつくりたいときに「意味はないけどあるだけの」Itや。便利なやつやねん。

なるほど。この長い主語を、Itで置き換えるんですね！

「It is a lot of fun.」となる。

うわ〜。主語がすごく短くなりましたね〜。桐谷美玲もびっくりの小顔ちゃんですね〜。あ、でも、もともとの「to talk with your friends in English」はどうするんですか？

一番後ろに持っていくだけや。「It is a lot of fun to talk with your friends in English.」となるで。これで整形完了や。

すごい！　すっきりしました〜。

そうや。これを俺は「**誰が顔でかいや！　構文**」と呼んでる。

ユーモラスのカタマリみたいな名前ですね。
正式名称はなんなんですか？

「仮主語構文」もしくは「形式主語構文」や。

ウワ。カタイ……。イミモヨクワカラナイ。

せやろ？　それやったら「誰が顔でかいや！　構文」のほうがすっと
入ってくるんや。次は③や。③は「want」の後ろに「to」がきてるや
ろ？　これはそのまま覚えてしまったほうが早い！

want to〜	「〜したい」
decide to〜	「〜を決める」
hope to〜	「〜を望む」
plan to〜	「〜を計画する」
expect to〜	「〜を予期する」

などやな。

よく出てくるフレーズなんですね！　覚えちゃおうっと！

 細かい話をすると、形容詞的用法と副詞的用法について、まだ語ることはあるんやけど、中学英語ならこれでもう十分や。

 え？　もう不定詞はおしまいですか？　あんなに苦手意識があったのに……こんなに簡単だったなんて……。

 じゃあ、次いくで！

5-3 「動名詞」は「名詞みたいなingのカタマリ」

 ここでは「動名詞」を見ていくで。動名詞ってなんや？

 ううぅ……。

 これに対してすぐに反応できなあかん。動名詞は「ing」という「見た目」のものが、「名詞の働き」をしているものや。これがすぐに出てこないとあかん。大事なのは「**見た目**」と「**働き**」や。「ing」の全体像はこれや。

カタマリの種類	カタマリの名前	日本語の意味
名詞の働きをするingのカタマリ	動名詞	～すること
形容詞の働きをするingのカタマリ	分詞	～している名詞
副詞の働きをするingのカタマリ	分詞構文	～て、で、そして、ながら

※グレーの分詞構文は高校で習います。

 わかりました。さっきはto不定詞を見てきましたけど、同じ名詞の働きをしているという意味では、不定詞の名詞的用法と動名詞って、ほとんど同じと考えていいですよね？　見た目の差はあれど。

 そうや。「点」が「線」になってきてるな。不定詞の名詞的用法も動名詞も、同じ名詞の働きをしている仲間みたいなもんや。例文を見ていこか。

230

① My hobby is making pancakes. 　　　　= ing のカタマリ
② Speaking English makes our life better.
③ I enjoyed running around the lake.
④ I'm interested in singing songs.

①は「making pancakes」のカタマリが、be動詞の後ろにあるから名詞の働きをしている（＝動名詞）。
① My hobby is making pancakes. 名詞

和訳　私の趣味はパンケーキをつくることだ。

②は「Speaking English」のカタマリが「makes」の主語になっているので名詞の働きをしている（＝動名詞）。
② 名詞 Speaking English makes our life better.

和訳　英語を話すことは私たちの人生を良くする。

③は「running around the lake」が、動詞「enjoy」の後ろにあるから、名詞の働きをしている（＝動名詞）。
③ I enjoyed running around the lake. 名詞

和訳　私は湖の周りを走ることを楽しんだ。

……ここまでは大丈夫やな？

はい。大丈夫です。不定詞の名詞的用法と同じですね。
ただ④はなんですか？

これは不定詞の名詞的用法にはできなくて、
動名詞にしかできないことやねん。

231

不定詞の名詞的用法にはできなくて、動名詞にしかできないこと？

そうや。④の「singing songs」のカタマリはどこにある？

前置詞「in」の後ろにあります。

そうやな。**前置詞の後ろにくるのは名詞**やな？

to <u>school</u> ◀名詞

from <u>the station</u> ◀名詞

at <u>Osaka</u> ◀名詞

だから**前置詞の後ろには名詞がほしい**んや。なので不定詞の名詞的用法や動名詞みたいな名詞のカタマリが置けるかと思ったら大間違い！ 不定詞の名詞的用法はあかんねん。「I'm interested in to sing songs.」は**ダメ**なんや。これだけ覚えておいてくれ。**前置詞の後ろは「動名詞」。覚えるんや！**

前置詞の後ろは動名詞！

これで頭に入ったな。④の和訳は「私は歌を歌うことに興味がある」や。これが**動名詞の全体像**やで。あとは補足として③だけ見ておこうか。

一般動詞の後ろにきてるパターンですね。
たしか不定詞のときも「want to」「hope to」みたいに、覚えとけば
いいってやつでしたよね？

そうそう。動名詞の場合も不定詞と同じように覚えてや。

finish 〜ing
stop 〜ing
enjoy 〜ing
give up 〜ing
mind 〜ing

うわ〜。不定詞のパターンも覚えるとなると結構多いですね。覚え
られるか不安になってきました……。

そう言うと思ってたわ。
実はこれを簡単に覚えられる方法があるねん。

え？ 「この動詞はto不定詞、この動詞はing動名詞」って簡単に
覚えられる方法があるんですか？

toは未来に向けてがんばるポジティブ人間、ingは過去にすがるネ
ガティブ人間なんや。

第5章　不定詞と動名詞と分詞は「カタマリ」

233

よくわかりませんが、ダイジュ先生と私みたいですね。

そうかもしらんな。

「to」の持つ意味ってのは、たとえば「I go to school.」を見ればわかる。このtoは前置詞（後ろに名詞がくる）やから、厳密には不定詞とは違うんやけど、そのイメージは同じや。なんて意味や？

「私は学校に行く」ですね。

そうやな。つまりこの「to」を**記号で表す**としたらなんや？

ん〜「**➡**」ですかね？

そうや。つまり前置詞の「to」も不定詞の「to」も「**なにかを目指す矢印くん**」なんや。あんたは今、なんのために英語を勉強してるねん？

英語を話せるようになって、人生を楽しみたいんです。

そやな？　つまり、未来に向かってるな？

本当だ！　「to」は未来に向けてがんばるポジティブ人間って意味がわかりました。

一方の「ing」や。**一番最初**に「ing」が出てきたんはどこやったか覚えてるか？

進行形のところですかね？

そうやな。進行形は「今やっている」ってことやったな。つまり「すでにやっている」や。だから未来のイメージがあるtoの真逆で、**過去のイメージ**があるわけや。

なるほど、なるほど。「to」と「ing」は真逆の性質なんですね。

話を戻すで。この「to」と「ing」のイメージを利用すれば、一般動詞の後ろに不定詞がくるか、動名詞がくるかも一目瞭然ってわけや。「hope to」は「〜を望む」やけど、「望んでいる」ってことは「まだやっていないこと」やな？　これは未来を向いている？　過去を向いている？

「これからすること」なので未来です。

そうや。**だからhopeの後ろはto**なんや。ほかの動詞も同じや。一方で「finish 〜ing」の「〜し終える」はどうや？

235

「終える」ということは、すでに「行っている」わけだから、過去の
ほうを向いているのでingになるのか！ すごい！ これを使えば
動詞のイメージで、不定詞か動名詞か識別できますね！

そうやろ？ こうやって**それぞれの単語が持つイメージ**っ
てのも、英語を習得する上で大事になってくるんや。このイメージ
を使ってしっかりと覚えるんやで！

5-4 「分詞」は見た目が「ing / 過去分詞」で働きは「形容詞」

 ここからは「**分詞**」について見ていくで？　分詞ってなんや？

 え～っと。見た目が「ing」と「過去分詞形」で、働きが「形容詞」です。

 そうや。これが全体像や。

ing

カタマリの種類	カタマリの名前	日本語の意味
名詞の働きをする ing のカタマリ	動名詞	～すること
形容詞の働きをする ing のカタマリ	分詞	～している名詞
副詞の働きをする ing のカタマリ	分詞構文	～て、で、そして、ながら

※グレーの分詞構文は高校で習います。

過去分詞

カタマリの種類	カタマリの名前	日本語の意味
形容詞の働きをする過去分詞のカタマリ	分詞	～される（た）名詞
副詞の働きをする過去分詞のカタマリ	分詞構文	～て、で、そして、ながら

※グレーの分詞構文は高校で習います。

ingと過去分詞が「形容詞として名詞を説明しているもの」は分詞ってことですよね？ ってことは、to不定詞が形容詞として名詞を修飾していた「不定詞の形容詞的用法とほとんど同じ」ってことですか？

目のつけどころがええやん。その通り。不定詞の形容詞的用法も、今回のこの分詞も、働きは同じや。なんも難しいことあらへん。いくつか例文を見ておくで。

① Do you know the man reading a magazine ?　　　　 = ing/過去分詞
② The book written by him became a big hit.　　　　 のカタマリ
③ Do you know the singing boy ?
④ I cut my finger on a broken glass.

①は「reading a magazine」の「ing」のカタマリが、名詞「the man」を説明しているから、形容詞の働きで分詞。

① Do you know <u>the man</u> reading a magazine ?

形容詞

和訳 雑誌を読んでいる男性を知っていますか？

②は過去分詞のカタマリ「written by him」が、名詞「the book」を説明しているから、形容詞の働きで分詞。
……ここまでは大丈夫か？

②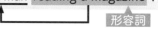

形容詞

和訳 彼に書かれた本は大ヒットしました。

完璧についていけてます。不定詞の形容詞的用法とまったく同じじゃないですか！ でも先生、③と④がちょっとよくわかりません。ingと過去分詞形は見つけましたが、**カタマリが見当たりません。**

そうやねん。

③は「singing」、④は「broken」 の1語だけやねん。

形容詞

③　Do you know the singing boy?

和訳　歌を歌っている男の子を知っていますか？

④　I cut my finger on a broken glass.

形容詞

和訳　割れたガラスで指を切った。

ここは少し補足しておくで。

こんなルールがあったん覚えてるか？

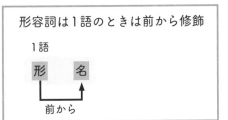

形容詞は1語のときは前から修飾

1語

形　　名

前から

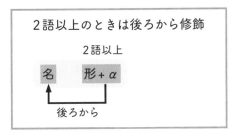

2語以上のときは後ろから修飾

2語以上

名　　形＋α

後ろから

あ、やったような。

よく思い出してみてや。「かわいい女の子」を英語にしてみ。

1語
a cute girl

「cute」は「girl」を前から説明する形容詞やな。「cute」が1語やから
前からやねん。一方で不定詞の形容詞的用法はどうや。
「book to read on the train（電車で読む本）」。

あ、名詞の「book」を後ろから修飾していますね。そうか！
「to read on the train」が2語以上だから、後ろからなんですね。

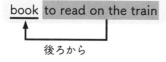

2語以上

book to read on the train

後ろから

そういうこっちゃ。そもそも不定詞は「to＋動詞の原形」やから、絶
対に2語以上になるわけやな。だから、不定詞の形容詞的用法は、
絶対に後ろから前の名詞を説明する。一方、ing も過去分詞も、1語
でだって使えるわけやから、そのときは前から説明するわけや。

なるほど〜。分詞ってすごく難しかった記憶があるんですけど、
なんにも難しくなかったですね。

第**6**章

関係詞と間接疑問文と接続詞も「カタマリ」

ここでは、中学英語の「ラスボス」とも言える関係代名詞、間接疑問文、接続詞を見ていくで。もう、この名前を見ただけで、さぶいぼ（とりはだ）がたちそうやねん。でもな、もうここまでくれば、あんたは「ダイジュ式の茶帯」と言っても過言ではないで。これらを攻略すれば黒帯、ブラックベルトや！

243

「関係詞」のカタマリには 「穴」がある！

 関係詞ってなんですか？

 よく、お堅い文法書とか、つまらん授業をする真面目先生とかがこんな説明をしとるな。
「関係詞とは2文を合成する際に、代名詞と接続詞の両方の機能を兼ね備えたものである」
　どや？

 ヤバいくらいわからないです。

 せやろ？　俺も中学生のとき、こう習ったんやけど、すぐに目をつむったわ。わけわからんねん。

 じゃあ関係詞ってなんなんですか？

 「働き」と「見た目」の2つを見ていくで！

 はい。

まずは「働き」からや。働きは形容詞や。関係詞のカタマリが後ろから前の名詞を説明する。これは大丈夫か？

はい。
「不定詞の形容詞的用法」や「分詞」と同じってことですよね？

そうや。「線」になっとるぞ。

で、見た目は？

「who」「which」「that」や。

3つあるんですね。

関係詞とは？

「who、which、thatが、**形容詞の働きをするもの**」ですか。

That's right !!!　ええ感じや。ほんなら例文を見ていくで。

① I know <u>the man</u> who loves Mary.

② I know <u>the man</u> who Mary loves.

③ This is <u>the house</u> which I live in.

④ Where is <u>the letter</u> which arrived yesterday ?

 すべて直前の名詞を説明していますね！　本当に**不定詞の形容詞的用法や分詞と同じ**じゃないですか！

 そや。ほんでwho、which、thatの区別は、むちゃくちゃ簡単や。説明される名詞に注目や。

 ①がthe man、②も tha man、③がthe house、④がthe letter です。

 説明される名詞が「人」なら「who」、「もの」なら「which」。**これだけや**。

 「ペッパーくん」はどっちですか？

 「もの」や。

 うわ、ひどい。人型ですよ。

そんなことはどうでもええねん。

区別自体は、むちゃくちゃシンプルですね。
ちなみに「that」はどこ行ったんですか？

この「that」が有能やねん。
「who」の代わりも、「which」の代わりもできるねん。

えー、すごい！　ペッパーくんも安心ですね。でも、それだったら
「who」とか「which」とか考えずに、「that」だけ覚えといたらいい
じゃないですか？

そうやねん。実際の会話ではthatの使用頻度が高いんや。だから、
便宜上、「who」や「which」も話したけど、「that」が使えてれば、簡
単な英会話くらいなら問題ないで。

じゃあ、次は意味ですね。①と②は似てますね。

① I know the man who loves Mary.

② I know the man who Mary loves.

「私はその男の人を知っています」はいいとして……どんな男の人
かというと……あれ？

「メアリーを好きな男の人」？
「メアリーが好きな男の人」？

どっちがどっちだ？？

そうなるよな〜。ここからが大事な話や。「句」と「節」の話をしたん、覚えてるか？

はい。「句」が「主語と動詞を含まないカタマリ」で、「節」が「主語と動詞を含むカタマリ」でしたよね？

そうや。toやing、過去分詞は全部、「句」やな？　主語と動詞を含まないカタマリやからな。一方、関係詞や間接疑問文、接続詞のカタマリは、すべて「節」なんや。後ろに文を含むカタマリなんや。

ほうほう。でもダイジュ先生！
①の「I know the man who loves Mary.」も、②の「I know the man who Mary loves.」も、「who」のあとは文にも見えるんですけど……。
なにかが足りないような気もしますが……気のせいですかね？

気のせいではないで。**関係詞の後ろは穴があく**んや。

穴があく？　もぐらですか？

そうや。
もぐらが穴をあけてるんや。

どこまでがジョーク？

ジョークやない。穴があいてるねん。
その穴はあんたが探すんや。

えっ？　どうやって？　頭に懐中電灯をともしながら、地中にもぐって探せっていうんですか？

はい。ヘルメットと懐中電灯や。

いつの間に。準備が早い……。

いつまでコントさせんねん。話戻すで。
①　I know the man who loves Mary.
関係詞「who」のカタマリは「節」だから、**後ろには主語と動詞があるはず**やな。

「who」の直後に「loves」って動詞があるってことは……。
ダイジュ隊長ぉぉぉ！　穴を発見しました！！

お、愛隊員！　どこに穴を見つけた？

「loves」の前に穴があります！

① I know the man who 穴 loves Mary.

愛隊員！　やるではないか！　それではこっちはどうだ？

② I know the man who Mary loves.

「who」の後ろは「Mary loves」……。隊長！

こちらも穴を発見しました！！

お！　愛隊員！　早いな！　どこに穴がある？

「loves」の後ろであります！！

② I know the man who Mary loves 穴.

やるではないか！　すばらしいぞ、愛隊員！

これで次期隊長候補だな。

いつまでバカみたいなコントしてるんですか……。

君がやるから乗ったったんやないかい。

で、穴を見つけましたけど、これがどうかしたんですか？

穴があったら、危ないやろ？

はい、隊長。穴は危険であります。
すぐに穴をふさぐ工事をしなくてはなりません。

さすがは愛隊員！　穴をただちにふさいでくれたまえ！

どのようにふさげばいいでしょうか？

「説明される名詞」を穴に入れてみてくれたまえ！

説明される名詞は①も②も「the man」なので、①は「the man loves Mary.」、②は「Mary loves the man」になりました！
これもいかがでしょうか？

①

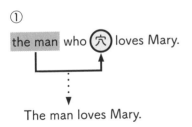

The man loves Mary.

②

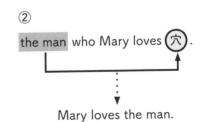

Mary loves the man.

愛隊員でかしたぞ！
これはスピード出世間違いなしだ！！　上には私から伝えておく。

ダイジュ先生、しつこいですよ。いつまでコントしてるんですか。

今回も君から始めたんや。

つまり、関係詞のカタマリは穴があるけど、その穴には本来、説明される名詞があったってことですか?

鋭いな。その通りや。穴にもともとあった名詞を入れてみることで、正しい意味が浮かび上がってくるんや。

① I know the man **who 穴 loves Mary**. (穴 = the man)
② I know the man **who Mary loves 穴**. (穴 = the man)

①はメアリー「を」愛している男性
②はメアリー「が」愛している男性

こうなるわけや。

まったく同じ単語を使っているのに、語順を変えただけで、こんなにも意味が変わるんですね。やっぱり英語って、本当に語順が大切なんですね。

その通りや。

隊長！　③と④の穴も探しに行ってよろしいでしょうか？

おっ。愛隊員、本日もよろしく頼む。

まずは③から見てみます。

③　This is the house which I live in.

隊長！　今回は非常に簡単に穴を見つけることができました！

お！　穴はどこであるか？

inの後ろに穴を発見いたしました。

③　This is the house which I live in **穴**.

その穴をふさいでくれたまえ！

説明されている名詞は「the house」なので、「I live in the house.」になります。

意味も教えてくれたまえ。

こちら、愛。こちら、愛。どうぞ。

どうぞ！　やない！　いつまでコントするねん。しかも徐々に本格的になってきてるねん。いや、そもそもこれ、どんな設定やねん！で、意味は？

和訳は「これは私が住んでいる家です」になりました！

ご名答。ほんなら④はどうや？

ダイジュ先生。穴を探しに行くので、コントやってください。じゃないと、なんか乗り気になりません。

……しょうがないの。それでは④の穴も発見していただきたい！

はい！　隊長！
④　Where is the letter which arrived yesterday?
④も穴を発見いたしました！

お、愛隊員！　穴はどこであるか？

「**arrived**」の前に**穴を発見**しました！

④　Where is the letter which **穴** arrived yesterday？

承知した。それでは、ただいまより穴を埋めてくれ！

Yes sir！　説明される名詞「the letter」を入れると、

「the letter arrived yesterday」になります。

それでは意味も教えていただきたい。

和訳は「昨日着いた手紙はどこですか？」です。

愛隊員に告ぐ。ミッションはこれでクリアである。

ただちに帰還せよ。

Yes sir！

6-2 「間接疑問文」は「文中疑問文」

今回やる**間接疑問文**ってなんですか？

間接疑問文を説明する前に、中1で習う普通の**疑問詞**を説明しとくわ。

①普通の疑問文 ——→ 応用 ——→ ②間接疑問文

「疑問詞」って言われてピンとくるか？

さすがにそれはわかります。
「what」「when」「how」みたいなやつですよね？

そうや。この疑問詞を使った疑問文を見てみるで。
What are you doing now？
あなたは今、なにをしていますか？

Who's Jack？
ジャックというのは誰ですか？

256

Which is your favorite, pizza or tacos？
あなたのお気に入りは、ピザとタコスのどちらですか？

Whose is this book？
この本は誰のものですか？

When is your birthday？
あなたの誕生日はいつですか？

Where is my laptop？
私のノートパソコンはどこですか？

Why did you visit Kyoto？
あなたはなぜ京都を訪れたのですか？

How does he come to school？
彼はどうやって学校に来ますか？

How many books do you have？
あなたは何冊の本を持っていますか？

How long are you going to stay？
あなたはどのくらいの間滞在するつもりですか？

How much is it？
それはいくらですか？

疑問詞を使ったいろんな疑問文を紹介したけど、この例文から疑問文のつくり方を学んでいくで。どんな特徴がある？

疑問詞が先頭にあります。

お！　いいところに気がついたな！
疑問詞が必ず先頭にくる。ほかはどんな特徴がある？

疑問詞の後ろが「**疑問文の語順**」になっています。

ええやんか。この２点が疑問詞を使った疑問文のつくり方や。

●疑問詞を使った疑問文のつくり方

① 疑問詞を**先頭**に置く。
② 疑問詞の後ろは**疑問文の語順**にする。

今後のために、もう少しこの疑問詞を使った疑問文について見ていくで。まず、疑問詞が先頭にきているこの疑問文は「Yes」「No」では答えられへん。

「このケーキをつくったのは誰？」
「はい」（Yes）

おかしいやろ？

おかしいですね。疑問詞が先頭の場合は、「Yes」「No」ではなく、なにか具体的に答えないといけないってことですね。

その通り。**あとは、疑問詞が主語になるときは、後ろが疑問文の順番にならへん。**

はい？？　すみません。まったくわかりません。

たとえば、「誰がこのケーキをつくったの？」っていう疑問文は、「誰」の後ろに「が」があるな。つまり**主語**ってことや。これを英語にすると、「Who made this cake？」となるんや。後ろは疑問文の順番になってるか？

普通に後ろに動詞がきていますね。

その通り。「誰が」「なにが」のように、**疑問詞が文の「主語」になっているときは、「疑問文の語順」ではなく、普通に「主語」の後ろに「動詞」を置く**んや。

疑問詞を使った疑問文は、だいたい理解できました。

おけ。ほんなら**間接疑問文**について見ていくで。

この「間接」っていうのはなんなんですか？

そやな。この「間接」ってようわからんよな。
だから、俺は「**文中疑問文**」って読んでるねん。

文中疑問文？

そや。次の2つの日本語を比較してみよか。

① 彼はなにをつくっているのですか？
② 彼がなにをつくっているのか、あなたは知っていますか？

え〜っと、①は普通の疑問詞を使った疑問文ですね。②は「あなた
は知っていますか？」の文の中に疑問詞を使った疑問文が入ってい
るような気がします。あ！！！　「**文の中に**」！！！

そや。だから、俺は「文中疑問文」と呼んどるんや。つまり、疑問詞
を使った疑問文を、普通の文の中に入れるんや。ほな英語で見てい
くで。

① I don't know what he said.
② Do you know when this bus leaves?
③ I know where you are from.

ダイジュ先生！！　寝ぼけているんですか？
それとも、授業も終盤だから疲れてきているんですか？

なにがや！？

 よ〜く見てください。疑問詞の後ろが、普通の語順になってますよ！　もう、うっかりなんだから〜。

 ちっちっち。これで正しいんや。

 え？　疑問詞の後ろは疑問文の語順でしょ？

 文中疑問文（間接疑問文）のときは、疑問詞の後ろが普通の語順になるねん。

 えっ！　そうなんですか？

 そや。

What did he say？（疑問文の語順）

　➡ I don't know what he said.（普通の語順）

When does this bus leave？（疑問文の語順）

→ Do you know when this bus leaves？（普通の語順）

Where are you from？（疑問文の語順）

→ I know where you are from.（普通の語順）

なるほど。文中で疑問詞を使うと、疑問詞の後ろは普通の語順になるんですね。

その通り。意味は簡単や。

What did he say？	彼はなにを言ったのですか？
I don't know what he said.	彼がなにを言ったのか私は知らない。

When does this bus leave？	このバスはいつ出発しますか？
Do you know when this bus leaves？	このバスがいつ出発するか知っていますか？

Where are you from？	あなたはどこ出身ですか？
I know where you are from.	あなたがどこ出身か私は知っている。

むちゃくちゃ簡単ですね。

これで文中疑問文（間接疑問文）も完璧です！

6-3 意味を覚えればいい「従属接続詞」、同じ形が反復する「等位接続詞」

とうとう、最後までできましたね。

そやな。感慨深いものがあるな。最後は**接続詞**や。

聞いたことはありますね。

接続詞は、細かいところまで話し出すと、かなーりのボリュームになるから、ほんまに大事なところだけ見ていくで。そもそも、接続詞は大きく2つに分かれるんや。

① 等位接続詞（つなぐ）
② 従属接続詞（カタマリをつくる）

なんとな〜く、聞いたことがあるような、
ないようなって感じですね〜。

従属接続詞

この章のテーマは「カタマリ」やから、まずは②の従属接続詞から見ていくで。

カタマリは「見た目」と「働き」でしたね。

 そうや。（従属）接続詞は少しの例外を除いて、基本的にはこれや。

（a）見た目：because、if、when、while、till など
（b）働き：副詞の働き

 あ〜、「**because**」とか「**if**」ですか！
なんかいろいろ思い出してきました！

 この従属接続詞の攻略の鍵は、それぞれの接続詞の意味をきちん
と覚えることや。

because	〜なので
while	〜する間
if	もし〜なら
till	〜までずっと
when	〜するとき
since	〜以来
before	〜する前
after	〜した後

 なるほど。だいたいの意味は覚えていました。

ほな、実際に英文をつくってみよか。

① お酒を飲んだときは、運転するべきではない。

When you drink, you should not drive.

② 彼が遅刻したので、彼女は怒った。

She got angry because he was late.

③ お腹がすいているなら、サンドイッチをつくりますよ。

If you are hungry, I will make a sandwich.

 接続詞のカタマリの位置が「前のとき」と「後ろのとき」がありますけど、どちらがいいんですか？

 前でも後ろでも、どちらでもええで。細かいニュアンスの違いはあるけど、ここではそこまで気にせんで大丈夫や。

 それぞれの意味をしっかりと覚えれば、従属接続詞はさほど難しくないですね。

 そうやろ？

等位接続詞

 ほな最後、等位接続詞について見ていこう。等位接続詞は「**and**」や「**but**」「**or**」や。こいつらは、カタマリをつくるんじゃなくて、**ただただつなぐだけ**や。

① Tom and Jerry
トムとジェリー
② an apple or an orange
りんごかみかん
③ small but brave
小さいが勇敢

 たしかに、ただただつないでいるだけですね。
なんか注意点はありますか？

 等位接続詞はいわば**天秤**や。

 天秤？

 等位接続詞の前後は「同じ品詞」「同じ形」やないと釣り合わへんねん。

 というと？

たとえば「Tom and Jerry」を見るで。「Tom」は名詞で「Jerry」も名詞や。だからこれはええねん。でもな。「Tom and busy」だったらどうや？ 「Tom」は名詞で「busy」は形容詞やろ？ こうなるとandでつなぐことはできへん。**同じ形が前後で必ず反復する**ということを覚えてや。

だから**等位**って言うんですね。

そういうこっちゃ。あとは、この等位接続詞を使った、よく使うフレーズをまとめておくで。

① 命令文, and ～
   「…… しろ。そうすれば～」

Get up early, and you can catch the first train.

早く起きなさい。そうすれば始発に乗れるよ。

② 命令文, or ～
   「…… しろ。さもないと～」

Study hard, or you will fail the test.

一生懸命勉強しなさい。さもないとテストに落ちるよ。

③ both A and B
   「AとBの両方」

Both Nancy and Tim like cats.

ナンシーもティムもネコが好きです。

④ not A but B
   「AではなくBだ」

④I speak not Japanese but English.

私は日本語ではなく、英語を話す。

これで**中学英語は完成**や。

やっっったーーー！　やり遂げました！　やり遂げましたよ！ 達成感がすごいです。いや～～～私、本当にがんばった……。最初は「もう英語は絶対無理……」って思ってましたけど、ダイジュ先生の授業を受けて本当によかったです。

ようがんばったな。

もっとほめてください。

ようがんばった、っていうてるや～ん。

足りません。もっとほめてください！

な～にが「足らん」や。これで浮かれとったらあかんぞ？　たしかに、あんたの英語力は神様の授業を受けたことで格段に上がった。でもな、この授業で伝えたのは、いうてしまえば、**英語の土台**や。あんたがここからやらなあかんことはたったひとつや。

えっ？　なにをすればいいんですか？

たくさん、英語を声に出すことや。ここからが勝負やねん。勝手に英語が出てくるまで、例文を繰り返し、繰り返し音読するんや。無意識に瞬間的に英語が口から出るようになるまで繰り返すんや。

「体に覚えさせる」ってやつですね？

いや、体では足りん。**細胞**や。**細胞に英語を叩き込む**んや。

さ、細胞レベル？

たとえばな、道を歩いててあんたが財布を落としたとするで？
その財布を近くにいたアメリカ人が拾ってくれた。さぁ、なんて言う？

Thank you.

それや。それが「**細胞レベルで覚えてる**」ってことや。
なにも考えなくても自然と出てきたやろ？

たしかに「Thank you.」ってなにも考えなくても出てきますね。でも、どうやったら難しい関係代名詞の文とか、不定詞の文も「Thank you.」と同じように出てくるようになるんですか？

ひとつの英文を100回音読や。

ひゃひゃひゃ、100回!?

そうや。徹底的に繰り返すんや。
英語を話せるようになりたいんやろ?

話せるようになりたいです!

それやったら、できるはずや。
なんせ、あんたはこの俺の授業を受けたんやからな。

なんだか私、できる気がしてきました!　やってやりますよー!
ダイジュ先生、私のこと応援してくださいね!!

なんか困っても、俺のYouTube見てくれたら会えるわ。
また遊びにおいで。これからのあんたの活躍に期待してるわ。
じゃあな。

ダイジュ先生……。
本当にありがとうございました!!!
ダイジュ先生のチラシを、ずっとお守りにしておきますね。

それから時は流れ……

めっちゃ感動…!!!

273

英単語を覚えるには2つの「鉄則」があるで!

鉄則① 単語カードは目的によって表裏を変える

①「英会話」がじょうずになりたい人

英語で会話をしたいんやから、**口から英語が出るようにすることが最優先**や! せやから、単語カードの表は「単語の第1の意味」→裏は「英単語」にするんや。

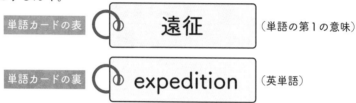

単語カードの表 **遠征** （単語の第1の意味）

単語カードの裏 **expedition** （英単語）

②TOEICのスコアアップや英検合格を目指す人

英語を読めるようになりたいんやから、**単語の意味がすぐに出るようにすることが最優先**や! せやから、単語カードの表は「英単語」→裏は「単語の第1の意味」にするんや。

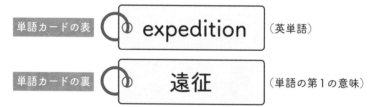

単語カードの表 **expedition** （英単語）

単語カードの裏 **遠征** （単語の第1の意味）

鉄則② 「人間は忘れる」ので、必ず復習する

人間は忘れるってことを忘れたらあかん! だからこそ、**忘れることを前提に復習する**んや。

スケジュールの例①

月〜金曜日：新しい単語を覚える

土〜日曜日：月〜金曜日の復習

スケジュールの例②

朝：前日の単語の復習

昼〜夜：新しい単語を覚える

補講 新学習指導要領対応

高校英語から降りてきた
仮定法と現在完了進行形

2021（令和3）年、中学英語の学習指導要領が変更されよった。ほんで新たに追加された単元がある。「仮定法」と「現在完了進行形」や。この2つは高校生でもちゃんと理解できてへん子がおる「難所」なんやけど、ダイジュ式なら爆速で理解できるで！

みんな大好き！
「妄想」の表現が「仮定法」や！

　愛さんはアメリカに行ってもうたので、ここからは、一人語りスタイルで授業していくで。

　2021（令和3）年、中学英語の学習指導要領が変わりよって、高校の範囲やった**仮定法**が中学英語に仲間入りしたんや。ここでは「**仮定法って、そもそもなんなん？**」って話からしていくな。

　仮定法って実はアメリカ人、イギリス人とか関係なく、み〜んなが大好きなことやねん。だって、みんな「**妄想**」は大好きやろ？

　　英語ができるようになった自分の姿を想像してニヤニヤ
　　寝て起きたら、絶世の美女に生まれ変わっていてニヤニヤ
　　大金持ちになり、なんでも買えるようになってニヤニヤ

　ほ〜ら。みんな妄想が大好きやろ。んなら、**この妄想を英語でどうやって表現するんか**って話や。

　ここで大事になってくるんが、第2章で出てきた**過去形**や。
　過去形は「**距離**」を表すんやったよな？

① 現在との距離：過去
　I injured my leg.
　足を怪我した。

② 人間関係の距離：丁寧表現

Could you tell me the way to the station?

駅への行き方を教えてくださいませんか？

③ 現実の距離：仮定法（妄想）

I wish I had my house by the sea.

海のそばに家があればなぁ。

ほ〜れ、やったやろ？　過去形は過去のことを表すだけじゃなくて、丁寧な表現になったり、仮定（妄想）を表したりするんや。で、ここでは**妄想の表し方をもっと具体的に見ていく**でって話やな。

妄想の表し方は大きく2つある。

① I wish ＋ 主語 ＋ 過去形 ＋ 〜

「〜ならなぁ」

② If 主語 ＋ 過去形、主語 ＋ would〔could〕＋ 〜

「もし〜なら、……だろう」

この2つや。上の2つの形を見たら気づくと思うけど、「過去形」があるやろ？　**この過去形こそが「妄想」の目印**なわけやな。

ほんならまずは、①から見ていくで。

① I wish ＋ 主語 ＋ 過去形

「〜ならなぁ」

ここで出てくるwishは、CMHよな？　CMHは「ちょっと、前に、はやったよな？」の略語な。「古すぎる」「寒すぎる」とかいうクレームは一切受けつけへ

んで。ま、話はそれたけど、ちょっと例文見ておこか。

I wish I were a millionaire.
億万長者だったらなぁ。

I wish I could fly to you.
君のところに飛んで行くことができればなぁ。

　この2つの例文には、were と could という2つの過去形が存在してるな。もし、これが現実の話なら、

I am a millionaire.
私は億万長者です。

I can fly to you.
君のところに飛んで行くことができる。

　でも、実際には億万長者でもなければ、空を飛ぶこともできへんな。だから、「あくまでも妄想（仮定）の話なんやけど」ってことを伝えるために、**動詞の形を過去形にして、I wish を前にくっつけてる**んやな。

　お、みんなから聞こえてくるわ。なになに？　ふむふむ。「**なんで、I の後に was じゃなく were になる**んですか？」ってか。なかなか、ええ質問やないか。

　I were〜っていう文章、あり得るか？　普通は I was〜やから、あり得んよな。ここがミソや。妄想の話ってのは「あり得ない」話や。だから、**動詞の形も、あり得ない形の were になってる**ってことや。

ほな、2つ目を見ていくで。

② If 主語＋過去形、主語 would［could］＋〜
「もし〜なら、……だろう」

こっちの仮定法の文は、接続詞のときに出てきた**Ifの登場**や。ほな、例文を見ていくで。

If I were you, I would buy this book.
もし私が君なら、この本を買うのに。

If it were fine today, they would play soccer.
もしも今日晴れなら、サッカーをするのに。

まずは1つ目の例文や。「私が君なら」ってのはあり得へん話やな？　ってことは妄想の話や。だから、If I were you になる。次に、普通に「私はこの本を買うぞ」を英語にすると、意志を表しているから、I will buy this book. になるな。でも、If I were you っていう「妄想設定」があるから、will を過去形の would にする。ほ〜ら、めちゃくちゃ簡単やろ？

2つ目の例文に行こか。この文は「雨が降ってぬかるんだグラウンドを校舎の窓から眺めながら、もしも晴れなら、サッカーするのに……」って思ってる感じやな。

If it were fine today で、「（実際は雨やけど）もし晴れなら」って意味やな。they would play soccer. で「（実際はしてないけど）サッカーするだろう」やな。

仮定法の文の作り方は、これでおしまいや！

「現在完了」と「現在進行形」が合体して 「現在完了進行形」や！

　新学習指導要領の2つ目は「**現在完了進行形**」や。「ゲンザイカンリョウシンコウケイ」——なかなかいかつい名前やろ？　今の中学生は大変やで。んで、この現在完了進行形は「**時制**」のひとつやな。

　いきなり英語の話をするのもあれやし、ちょっと余談から入ろか。「ケンタウルス」って知ってるか？　そう、上半身が人間で、下半身が馬の怪物やな。ま、人間と馬のミックスってことや。

　実は、**今回の現在完了進行形もミックス**やねんけど、わかるか？「現在完了」と「現在進行形」のミックスや。ちなみに、それぞれを英語で表すと、

現在完了	have＋過去分詞
現在進行形	be＋ing

やな。後はこれを足すぞ。

```
      have＋過去分詞
＋           be  ＋  ing
─────────────────────────
  have ＋ been  ＋  ing  ←「現在完了進行形」の形
```

　これで「現在完了進行形」の形はもう大丈夫やな。後は、どんなときに使う時制なのかを説明していくで。そもそも、現在進行形ってのは「**今まさに**」って意味やったろ？

●現在進行形の復習

「今まさに」夕食を食べている。
I'm eating dinner.

「今まさに」英語を勉強している。
I'm studying English.

とかやな。さらに、動詞の中には現在進行形にできない動詞があったんやけど、覚えてるか？　knowとかlikeとかは「**今まさに**」のニュアンスと相性が悪いから、進行形にできへんな。

(✗) I'm knowing him.「今まさに」彼を知っている。
(✗) I'm liking Bob.「今まさに」ボブを好きになっている。

●現在完了形の復習

現在完了形は「**過去 ➡ 今**」やったな。
I have lived in Osaka for three years.
3年間大阪に住んでいる。
イメージ 3年前 ➡ 今

I have known her since last month.
先月から彼女を知っている。
イメージ 先月 ➡ 今

　現在完了形は、過去から現在に関することを伝えたいときに使うんやったな。

現在進行形と現在完了を復習したので、本題の「現在完了進行形」に戻るで。現在完了進行形は「現在完了」と「現在進行形」の両方を備えとるねん。だから、現在完了進行形を使うタイミングっちゅうのは、**進行形にできる動詞が「ずっと～している」ことを表す**場合や。例文を見ていくで。

We **have been waiting** for her for an hour.
1時間彼女を待っている。
1時間前 ➡ 今

The baby **has been sleeping** since this morning.
今朝から赤ちゃんは寝ている。
今朝 ➡ 今

意味は「ずっと～している」で現在完了形と同じやな？　**現在完了形と現在完了進行形の違いは、動詞が現在進行形にできるかどうか**や。waitは「今まさに待っている」って言えるから、現在進行形にできる動詞や。sleepも「今まさに寝ている」って言えるから、現在進行形にできる動詞や。現在進行形にできる動詞で、「ずっと～している」のときはhave been ～ingを使うから、例文のような形になるわけや。

　　現在完了進行形は、これでおしまいや！

おわりに

ここまでよくがんばった！！
もし、実際に会うたら、全力でヨシヨシしたるわ♥

　最後に一言、言わせてや。ここまで、おちゃらけてきたさかい、最後くらい関西弁を封印して真面目に書いてみるわ。

おおきに。

　ごめんごめん。いきなり関西弁があふれ出てしもたわ。
ここからは真面目に。

I ain't gonna do what I don't want to.
I'm gonna live my life.

― Have a nice day　Bob Jovi ―

したくないことなんて俺はしない。
俺の人生を生きるんだ。

― 良い一日を　ボン・ジョヴィ ―

　18歳までの僕は、自分のために生きていました。「自分が楽しければいい。やりたくないことはしない」――「Have a nice day」というボン・ジョヴィの歌詞に出てくるやつのようでした。

　だから成績は学年最下位。英語の偏差値は31。家族にも先生にもたくさん迷惑をかけてきた、いわゆる劣等生です。

ところが、大学受験をきっかけに、僕の人生は大きく変わりました。誰よりも勉強したし、いついかなるときも英単語帳を離しませんでした。耳には常に英語のリスニングを流し、声が枯れるまで英語を音読しました。

そうしたら、いつしか英語は、僕のアイデンティティのひとつになっていたのです。それまでは「自分のため」に生きてきたけど、これからは英語に悩む人のために生きたい、と「人のため」に生きていこうと決意しました。

学生時代、英語の授業を妨害していた悪ガキが、今では英語を教えている。「死ぬまで日本から出ない」といっていたへそ曲がりが、今では旅好きになっている。地元の塾で数人の生徒に細々と教えていただけなのに、今では日本中に生徒がいる。19歳のころには妄想だった「本を出す」という夢もかなった――。

人生、なにが起こるかわかりません。

英語が僕の人生を変えたように、今、「なにかを変えたい」と思いながら英語を学習しているあなたの人生も、遅かれ早かれその「航路」を大きく変えることでしょう。この本が、あなたの人生の「舵」を切るきっかけになれば幸せです。

最後に、僕の大好きな言葉でしめくくりたいと思います。

Life was like a box of chocolates.
You never know what you're gonna get.

— Forrest Gump —

人生は、詰め合わせのチョコレートみたいなものよ。
なにが起こるかわからないわ。

— フォレスト・ガンプ／一期一会 —

Special Thanks

　人生で一番僕を叱ってくれた高校の恩師、丹羽宏之先生。
　なにもなかった僕に、英語という武器を与えてくれた代々木ゼミナールの西谷昇二先生。
　書籍の執筆を勧めてくれたSBクリエイティブの石井顕一さん。

　この場を借りて感謝申し上げます。

　最後に少しだけ、親孝行させてもらっていいですか？

　おかん、おとん。
　学生時代、死ぬほど迷惑をかけたね。
　どうしようもなかった僕を、ここまで育ててくれてありがとう。
　19歳のころから言い続けてきた「本を出す」という夢をかなえたよ。
　これまで、どんなときも応援してくれてありがとう。
　これからも息子の活躍を一番近くで応援していてね。
　どうか長生きしてください。

　それでは皆さま。
　もしも、僕を見かけたら、ぜひ英語で話しかけてくださいね。

　また会う日まで！

2022年12月25日　クリスマスの夜に自宅で

参考文献

綿貫 陽、マーク・ピーターセン／著『表現のための実践ロイヤル英文法』（旺文社、2006 年）

● 著者
ダイジュ先生

中高時代は英語が大嫌いで偏差値は31。高3の夏から英語を体系的に学び、半年で偏差値を40アップさせる。立命館大学入学後、英語の楽しさを伝えるために、数多くの塾や予備校で英語を教える。23歳のときに地元奈良で、大学受験英語専門塾を設立。大手予備校などがひしめくエリアでありながら、その授業のわかりやすさと楽しさにより、まったく無名の状態から数多くの高校生を集客。その後、株式会社moobleに入社し、大学受験専門の予備校で活躍。1年後には取締役に就任。2020年のコロナ禍の中、中学生向けのYouTubeチャンネル『スタフリ』を運営。全科目の授業を「無料」で、そして「世界一楽しく」をコンセプトに活動し、2023年12月時点でのチャンネル登録者数は21.9万人。現在、中学生向けの塾としては日本一のチャンネル登録者数にまで成長。親しみやすいキャラクターで、その授業はおばあちゃん世代にも好評。

● YouTube
スタフリ（STUDY FREAK）
https://www.youtube.com/@study_freak

● マンガ・イラスト
にしかわたく

● 校正
曽根信寿

爆速でやりなおす中学英語

学校では教えてくれない学習法！

2023年2月23日　初版第1刷発行
2024年7月11日　初版第6刷発行

著者	ダイジュ先生
発行者	出井貴完
発行所	SBクリエイティブ株式会社
	〒105-0001 東京都港区虎ノ門2-2-1
装丁	西垂水 敦・市川さつき（krran）
本文デザイン	笹沢記良（クニメディア）
編集	石井顕一（SBクリエイティブ）
印刷・製本	株式会社シナノパブリッシングプレス

本書をお読みになったご意見・ご感想を下記URL、
QRコードよりお寄せください。
https://isbn2.sbcr.jp/13761/